Mein Heimatland

Die schönsten Volks-, Wander-, Trink- und Scherzlieder

Herausgegeben von Ludwig Andersen

Neu-Ausgaben mit vollständigem Text

in jeder beliebigen Zusammenstellung gleichzeitig zu verwenden

Klavier . . . . ED 2222
Sätze: W. Lutz

Violine . . . . ED 2223
Sätze: W. Lutz · Übergelegter Text

Violoncello/Posaune . . . . ED 5186
Sätze E. Rapp · Übergelegter Text

Akkordeon . . . . ED 2666
Sätze: W. Draths/W. Lutz · Taschenformat

Trompete/Klarinette in B (W. Draths) . . . . ED 6742
mit übergelegtem Text

Melodie-Ausgabe . . . . ED 5000
Ein- und zweistimmig · Gitarre ad lib.
Sätze: W. Draths/W. Lutz · Taschenformat

Diatonische Handharmonika . . . . ED 4060
Übergelegter Text · Sätze: C. Schneider-Kräupl · Taschenformat

Textbuch . . . . ISBN 3-7957-3000-7

SCHOTT

Mainz · London · Madrid · New York · Paris · Tokyo · Toronto

1. Ach, wie ist's möglich dann

G D G C G
1. Ach, wie ist's mög-lich dann, daß ich dich las - sen kann,
2. Blau blüht ein Blü - me - lein, das heißt Ver - giß-nicht-mein,
3. Wär ich ein Vö - ge - lein, bald wollt ich bei dir sein,
G C G D A7 D
hab dich von Her - zen lieb, das glau - be mir!
dies Blüm-lein leg ans Herz und den - ke mein!
scheut Falk und Ha - bicht nicht, flög schnell zu dir.
D7 G C G E7 a
Du hast das Her - ze mein so ganz ge - nom-men ein,
Stirbt Blum' und Hoffnung gleich, wir sind an Lie - be reich,
Schöß mich ein Jä - ger tot, fiel ich in dei - nen Schoß,
D7 G C G a D7 G
daß ich kein and - re lieb als dich al - lein.
denn die stirbt nie bei mir, das glau - be mir!
sähst du mich trau - rig an, gern stürb ich dann.

*) T Volkslied aus Baden
M Emmerich Frhr. v. Hettersdorf

2. Ade zur guten Nacht

F C7 F C F F C7 F
1. A - de zur gu - ten Nacht, jetzt wird der Schluß ge-macht, da
2. Es trau - ern Berg und Tal, wo ich viel tau - send-mal bi
g C7 F F E D g D g
ich muß schei - den. Im Som - mer, da wächst der Klee, im
drü - ber gan - gen, das hat dei - ne Schön-heit g'macht, h

*) T = Text
M = Melodie
T u M = Text und Melodie

C7 F g C7 F
Win - ter, da schneit's den Schnee, da komm ich_ wie - der.
mich zum_ Lie - ben bracht mit gro - ßem Verlan - gen.

3. Das Brünnlein rinnt und rauscht
wohl unterm Holderstrauch,
wo wir gesessen.
|: Wie manchen Glockenschlag,
da Herz bei Herzen lag,
hast du vergessen! :|

4. Die Mädchen in der Welt
sind falscher als das Geld
mit ihrem Lieben.
|: Ade zur guten Nacht,
jetzt wird der Schluß gemacht,
daß ich muß scheiden :|

*) T u M Volkslied

3. Alles neu macht der Mai

G D G
1. Al - les neu macht der Mai, macht die See - le frisch und frei.
2. Wir durchziehn Saa - ten grün, Hai - ne, die er - göt - zend blühn,
3. Hier und dort, fort und fort, wo wir zie-hen Ort für Ort,
G D G D G
Laßt das Haus, kommt hin - aus, win-det ei - nen Strauß!
Wal-des-pracht, neu ge - macht nach des Win - ters Nacht.
al - les freut sich der Zeit, die ver-jüngt, er - neut.
D D G D G G D G
Rings er-glän-zet Son-nen-schein, duf-tend pran-gen Flur und Hain,
Dort im Schatten an dem Quell, rie-selnd mun-ter sil - ber-hell,
Wi - der-schein der Schöpfung blüht, uns er - neu-end im Ge - müt.
G D7 G D7 G
Vo - gel - sang, Hör - ner-klang tönt den Wald ent - lang.
klein und groß ruht im Moos wie im wei - chen Schoß.
Al - les neu, frisch und frei macht der hol - de Mai.

T Hermann Adam von Kamp
M Volksweise „Fahret hin“

4. Alle Vögel sind schon da

D G H D A D A D

1. Al - le Vö-gel sind schon da, al - le Vö-gel, al - le!
2. Wie sie al - le lu - stig sind, flink und froh sich re - gen!
3. Was sie uns ver - kün - den nun, neh-men wir zu Her - zen:

D A D A D A D A

Welch ein Sin-gen, Mu - si - ziern, Pfei-fen, Zwitschern, Ti - ri - liern,
Am - sel, Dros-sel, Fink und Star und die gan - ze Vo - gel-schar
al - le wolln wir lu - stig sein, lu - stig wie die Vö - ge - lein

D G H D A D A D

Früh-ling will nun ein - mar-schiern, kommt mit Sang und Schal-le.
wün-schen dir ein fro - hes Jahr, lau - ter Heil und Se - gen.
hier und dort, feld - aus, feld - ein, sin - gen, springen, scherzen.

T Heinrich Hoffmann von Fallersleben
M Volksweise „Nun so reis' ich“

5. Alleweil ka mer net lustig sei

G D G

1. Al - le - weil ka mer net lu - stig sei, al - le - weil
2. Al - le Tag, wo-n-i di gse - he han, han i mei
3. Äu - ge - le hot se in ih - rem Kopf, grad wie von

e D D7 G

hot mer koi Freud, al - le - weil liebt mer sei Schät - ze - le net,
Freud ghet an' dir, wenn i en Tag lang di gar net_ sieh,
wei - tem zwei Stern, wie der Kar - fun - kel im O - fe_ glitzt,

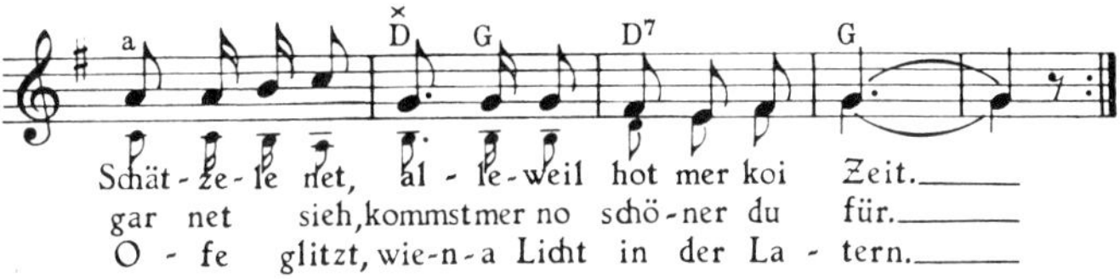
a D G D7 G
Schät - ze - le net, al - le - weil hot mer koi Zeit.
gar net sieh, kommst mer no schö - ner du für.
O - fe glitzt, wie - n - a Licht in der La - tern.

T u M Volkslied aus Schwaben

6. All mein Gedanken

G e C G G D7 G
1. All mein Ge-dan-ken, die ich hab, die sind bei dir, du
2. Du aus - er-wähl-ter ein-ger Trost, ge - denk dar - an: mein
G e C G D7 G
aus - er - wähl - ter ein - ger Trost, bleib stet bei mir!
Leib und Gut, das sollt du ganz zu ei - gen han.
D G G G A D A D G G
Du, du, du sollt an mich ge - den - ken, hätt ich al - ler
Dein, dein, dein will ich all - zeit blei - ben, du gibst Freud und
G G C D E Fis G G D G
Wünsch Ge - walt, von dir wollt ich nicht wan - ken.
ho - hen Mut und kannst mir Leid ver - trei - ben.

T u M Volkslied aus Niederbayern

7. Als ich ein jung Geselle war

Der Tod von Basel

F
1. Als ich ein jung Ge - sel - le war, nahm
2. Da ging ich auf den Kirch - hof hin und
3. Und als ich wieder nach Hau - se kam, meine
F C G C C7
ich ein stein - alt Weib. Ich hatt sie kaum drei
bat den lie - ben Tod: Ach lie - ber Tod von
Al - te war schon tot. Ich spannt' die Roß an
F d a C7
Ta - ge, Ti - Ta - Ta - ge, da hat's mich schon ge -
Ba - sel, Bi - Ba - Ba - sel, hol mir meine Al - te
Wa - gen, Wi - Wa - Wa - gen, und fuhr meine Al - te
F g C7 F
- reut, da hat's mich schon ge - reut.
fort, hol mir meine Al - te fort!
fort, und fuhr meine Al - te fort.

4. Und als ich auf den Kirchhof kam,
das Grab war schon gemacht.
„Ihr Träger, tragt fein sachte,
si-sa-sachte,
|: daß die Alte nicht erwacht! :|

5. Scharrt zu, scharrt zu, scharrt immer zu
das alte, böse Weib!
Sie hat ihr Lebetage,
Ti-Ta-Tage,
|: geplagt meinen jungen Leib." :|

6. Und als ich wieder nach Hause kam,
war'n Tisch und Bett zu weit.
Ich wartet' kaum drei Tage,
Ti-Ta-Tage,
|: und nahm ein junges Weib. :|

7. Das junge Weiberl, das ich nahm,
das schlug mich nach drei Tag.
„Ach lieber Tod von Basel,
Bi-Ba-Basel,
|: hätt' ich meine alte Plag'!" :|

T u M Volkslied

8. Als wir jüngst in Regensburg waren

1. Als wir jüngst in Re-gens-burg wa-ren, sind wir
2. Und vom ho-hen Ber-ges-schlos-se kam auf
ü-ber den Stru-del ge-fah-ren, da war'n vie-le
stol-zem, schwar-zen Ros-se ad-lig Fräu-lein
Hol-den, die mit-fah-ren woll-ten.
Ku-ni-gund, wollt mit-fahren ü-ber Stru-dels Grund.
1.-6. Schwä-bi-sche, bay-ri-sche Dirn-dl, juch-hei-ras-sa,
muß der Schiffs-mann fah-ren.

3. „Schiffsmann, lieber Schiffsmann mein,
sollts denn so gefährlich sein?
Schiffsmann, sag's mir ehrlich,
ist's denn so gefährlich?"
Schwäbische . . .

4. „Wem der Myrtenkranz geblieben,
landet froh und sicher drüben;
wer ihn hat verloren,
ist dem Tod erkoren."
Schwäbische . . .

5. Als sie auf die Mitt gekommen,
kam ein großer Nix geschwommen,
nahm das Fräulein Kunigund,
fuhr mit ihr in des Strudels Grund.
Schwäbische . . .

6. Und ein Mädel von zwölf Jahren
ist mit über den Strudel gefahren;
weil sie noch nicht lieben kunnt,
fuhr sie sicher über Strudels Grund.
Schwäbische . . .

T u M Volkslied

9. Alt-Heidelberg, du feine

D A D G A
1. Alt-Hei - del-berg, du fei - ne, du Stadt an Eh-ren
2. Und kommt aus lin - dem Sü - den der Früh-ling ü - bers
D D A D G D A A7
reich, am Ne - ckar und am Rhei - ne, kein' and - re kommt dir
Land, so webt er dir aus Blü - ten ein schimmernd Braut-ge -
D E A
gleich! Stadt fröh - li - cher Ge - sel - len, an Weis - heit
-wand. Und ste - chen mich die Dor - nen und wird mir's
E A D A D
schwer und Wein, klar ziehn des Stro - mes Wel - len, Blau -
drauß zu kahl, geb ich dem Roß die Spor - nen und
D A A D D A A D
-äug - lein blit - zen drein, Blau - äug - lein blit - zen drein.
reit ins Ne - ckar - tal, und reit ins Ne - ckar - tal.

T Joseph Victor Scheffel
M Anton Zimmermann

10. Am Brunnen vor dem Tore

D
1. Am Brun - nen vor dem To - re, da
2. Ich mußt auch heu - te wan - dern vor -
3. Die kal - ten Win - de blie - sen mir
A7 3 D D
steht ein Lin - den - baum, ich träumt in sei - nem Schatten so
-bei in tie - fer Nacht, da hab ich noch im Dunkeln die
grad ins An - ge - sicht, der Hut flog mir vom Kop - fe, ich

man-chen sü-ßen Traum. Ich schnitt in sei-ne Rin-de so
Au-gen zu-ge-macht. Und sei-ne Zweige rauschten, als
wen-de-te mich nicht. Nun bin ich manche Stun-de ent-

man-ches lie-be Wort, es zog in Freud und Lei-de zu
rie-fen sie mir zu: „Komm her zu mir, Ge-sel-le, hier
-fernt von je-nem Ort, und im-mer hör ich's rau-schen: du

ihm mich mäch-tig fort, zu ihm mich mäch-tig fort.
findst du dei-ne Ruh, hier findst du dei-ne Ruh!"
fän-dest Ru-he dort, du fän-dest Ru-he dort!

T Wilhelm Müller
M nach Franz Schubert

11. An der Saale hellem Strande

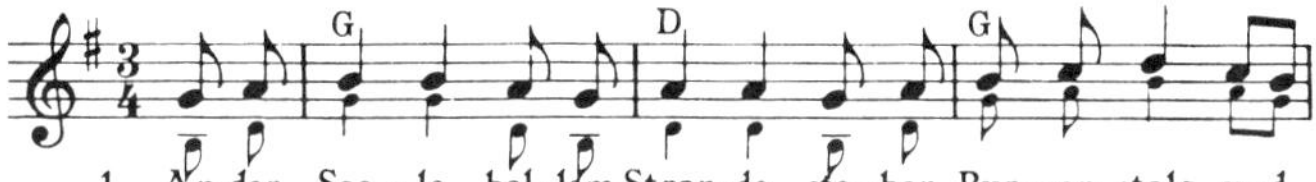

1. An der Saa-le hel-lem Stran-de ste-hen Bur-gen stolz und
2. Zwar die Rit-ter sind verschwunden, nim-mer klin-gen Speer und
3. Dro-ben win-ken schö-ne Au-gen, freundlich lacht manch ro-ter

kühn, ih-re Dä-cher sind ver-fal-len, und der
Schild, doch dem Wan-ders-mann er-schei-nen in den
Mund, Wand-rer schaut wohl in die Fer-ne, schaut in

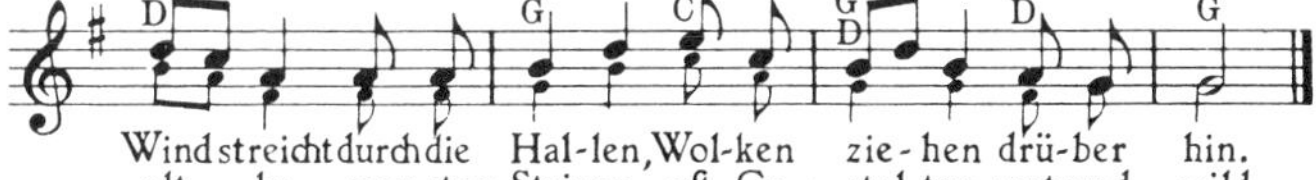

Wind streicht durch die Hal-len, Wol-ken zie-hen drü-ber hin.
alt-be-moo-sten Steinen oft Ge-stal-ten zart und mild.
hol-der Au-gen Ster-ne, Herz ist hei-ter und ge-sund.

4. Und der Wandrer zieht von dannen,
denn die Trennungsstunde ruft;
und er singet Abschiedslieder,
Lebewohl tönt ihm hernieder,
Tücher wehen in der Luft.

T Franz Kugler
M Friedrich Ernst Fesca „Heute scheid ich"

12. Ännchen von Tharau

1. Änn-chen von Tha - rau ist's, die mir ge - fällt,
2. Käm al - les Wet - ter gleich auf uns her - an,
3. So wie ein Pal - men-baum ü - ber sich steigt,
sie ist mein Le - ben, mein Gut und mein Geld.
wir sind ge - sinnt, bei - ein - an - der zu stahn.
hat ihn erst Re - gen und Sturmwind ge - beugt,
Änn-chen von Tha-rau hat wie-der ihr Herz auf mich ge -
Krank-heit, Ver - fol-gung, Be - trüb-nis und Pein soll uns-rer
so wird die Lieb in uns mäch-tig und groß nach manchem
-rich - tet in Lieb und in Schmerz. Ännchen von Tha-rau, mein
Lie - be Zu - sam - men-schluß sein. Ännchen von Tha-rau, mein
Lei - den und trau - ri - gem Los. Ännchen von Tha-rau, mein
Reich-tum, mein Gut, du mei - ne See - le, mein Fleisch und mein Blut.
Licht, mei - ne Sonn, mein Le - ben schließ sich um dei - nes her - um.
Reich-tum, mein Gut, du mei - ne See - le, mein Fleisch und mein Blut.

T Heinrich Albert
M Friedrich Silcher

13. A trotziges Dirndel

1. A trot - zi - ges Dirn-del werd stets i ge - nannt, als
2. Weil i in dem Al - ter, wo manden kt ans Frein, da
3. Es freut mi, daß al - len mein Lie - del ge - fiel, fast

trot-zi-ges Dirn-del bin längst i be-kannt. Es fallt mir net
stel-len sich öf-ter auch Frei-er jetzt ein. Erst jüngst noch kam
glaub i, man hat mi ge-eh-ret zu viel. I sag schö-nen
ein und es kummt mir net in Sinn zu leug-nen, daß
a-ner, der war schrecklich reich, i mag ihn net
Dank und jetzt ruh' i mi aus, i hab' grad ge-
i et-was trot-zig wohl bin! Als i als kleins
lei-den, er war mir zu bleich. Der Va-ter sagt:
-nug, und mein Lie-del ist aus. I hof-fe, s'hat
Ma-del zur Schu-le noch ging, war i schon a bö-ses und
Ma-del, a stol-ze Par-tie! Die Mut-ter sagt: Ma-del, was
je-der ge-hört nu ge-nug, drum macht mir net et-wa 'nen
trot-zi-ges Ding, denn wenn der Herr Leh-rer mich streng hat ge-
Bess'res kriegst nie! Die Ba-se sagt: Ma-del, denn nimm dir zum
nei-en Ver-such! Denn wenn ihr auch klatschet die Ar-me euch
-fragt, dann hab i ohn lan-ges Be-den-ken ge-sagt:
Mann! Doch i rief, als al-le ge-hört i hab an:
aus, i bräch-te doch nichts als die Wor-te her-aus:
1.-3. Und i will net, und i mag net, und i tu's net, und i
sag's net, und i will doch mal schaun, wer mi zwingen will da-zu!

T u M Richard Heinze op. 164

14. Auch ich war ein Jüngling

1. Auch ich war ein Jüng-ling mit lo - cki-gen Haar, an Mut wie an
2. Einst wa-ren die Mäd-chen so treu wie das Gold, und zog ihr Ge-
3. Einst galt das Ver-spre-chen mit Handschlag und Mund, da hat - te die
Hoff-nun-gen reich, beim Am-boß von je - her ein Mei-ster für-
-lieb - ter ins Feld, so schwuren sie ihm, wenn ster-ben er
Fe - der noch Ruh, schloß da-mals ein Pär-chen den eh - li-chen
-wahr, im Flei-ße kam keiner mir gleich. Ich lieb - te den Frohsinn, den
sollt, zu ster-ben ge - wiß un-ver-mählt. Sie dach-ten noch nicht, wenn ge-
Bund, so brauchte man we-nig da - zu. Man schrieb im Kontrakt bei der
Tanz, den Ge-sang, ich küß-te manch Dirnlein mit ro - si-ger Wang, ihr
-stor - ben der, wo nehmen wir gleich ei - nen an-de-ren her. Sie
Lie - be Schwur statt Namen und Ti - tel ein Kreu-ze-lein nur, das
Herz hat mir manche ge - weiht, ihr Herz hat mir manche ge-weiht.
wa-ren noch nicht so ge - scheit, sie wa-ren noch nicht so ge-scheit;
Kreuz kam nicht nach so wie heut, das Kreuz kam nicht nach so wie heut;
Das
1.-3. war ei-ne köst-li - che Zeit, das war ei - ne köst-li-che Zeit.

T u M Albert Lortzing

15. Auf, auf, ihr Wandersleut

1. Auf, auf, ihr Wan-ders-leut, zum Wan-dern kommt die Zeit!
2. Ihr lie - ben El - tern mein, ich will euch dank-bar sein.
3. Wenn Tau vom Him-mel fällt, dann reis ich in die Welt.

Tut euch nicht lang ver-wei - len, in Got-tes Nam' zu rei - sen! Das
Die ihr mir habt ge - ge - ben von Gott ein lan - ges Le - ben, so
Die Vöglein in der Hö - hen, wenn sie vom Schlaf auf - ste - hen, da
Glück, das lau - fet im - mer fort an ei - nen an - dern Ort.
ge - bet mir zu ei - ner Speis' den Se - gen auf die Reis'!
sin - gen sie zu mei - ner Freud: Auf, auf, ihr Wanders - leut!

T u M Volkslied aus Nordböhmen

16. Auf, auf zum fröhlichen Jagen

1. Auf, auf zum fröh-li-chen Ja-gen! Auf, auf ins frei - e Feld! Es
2. Schau, wie das Heer der Ster-ne den schönen Glanz verliert und
3. Das ed - le Jä - ger - le - ben ver-gnüget mei - ne Brust, dem
fängt schon an zu ta-gen, das Weid-werk mir ge - fällt. Auf,
wie sie sich ent - fer-nen, wenn sich Au - ro - ra rührt! Die
Wil - de nach - zu - streben ist mei - ne höchste Lust. Wo
bei den fro - hen Stun-den, mein Herz, er - munt - re
Vö - gel in den Wäl-dern sind schon vom Schlaf er -
Reh und Hir - sche sprin-gen, wo Rohr und Büch - se
dich! Die Nacht ist schon verschwunden, und Phö-bus zei-get sich.
- wacht und ha - ben auf den Fel - dern ihr Morgen - lied gebracht.
knallt, wo Jä - ger - hör - ner klin - gen, da ist mein Aufenthalt.

T Gottfried Benjamin Hancke
M Französisches Jägerlied «Pour aller à la chasse»

17. Auf der Lüneburger Heide

1. Auf der Lü - ne - bur - ger Hei - de, in dem
2. Brü - der, laßt die Glä - ser klin - gen, denn der
wun - der-schö - nen Land, ging ich auf und ging ich
Mus - ka - tel - ler - wein wird vom lan - gen Ste - hen
nie - der, al - ler - lei am Weg ich fand.
sau - er, aus-ge - trun-ken muß er sein.
1.-4. Val-le - ri, val-le -
-ra, juch-he, und juch - hei-ras - sa, und juch - hei-ras - sa! Be - ster
Schatz, be - ster Schatz, denn du weißt, du weißt es ja.

3. Und die Bracken und die bellen,
und die Büchse und die knallt,
rote Hirsche woll'n wir jagen
in dem grünen, grünen Wald.
Valleri . . .

4. Ei du Hübsche, ei du Feine,
ei du Bild wie Milch und Blut,
unsre Herzen woll'n wir tauschen,
denn du glaubst nicht, wie das tut.
Valleri . . .

T Hermann Löns
M Ludwig Rahlfs

18. Auf de schwäbsche Eisebahne

Einer
C
F
1. Auf de schwäb-sche Ei-se-bah-ne gibts gar vie-le
2. Auf de schwäb-sche Ei-se-bah-ne wollt e-mol a
F
G7
C
Halt-sta-tio-ne: Schtue-gert, Ulm ond Bi-ber-ach,
Bäuer-le fah-re, geht an Schal-ter, lupft de Huet:
G7
C
Alle
C
Me-cke-beu-re, Dur-les-bach. Tru-la, tru-la,
„Oi Bil-lett-le, seid so guet!“ Tru-la, tru-la,
C
F
G7
tru-la-la, tru-la, tru-la, tru-la-la, Schtue-gert, Ulm ond
tru-la-la, tru-la, tru-la, tru-la-la, geht an Schal-ter,
C
G7
C
Bi-ber-ach, Me-cke-beu-re, Dur-les-bach.
lupft de Huet: Oi Bil-lett-le, seid so guet!

3. Einen Bock hat er si kaufet
und daß der ihm net verlaufet,
bindet en der guete Ma
an de hintre Wage na.
Trula . . .

4. „Böckle, tue nuer woidle springe,
's Fresse wer' i dir scho bringe.“
Zündt sei stinkichs Pfeifle a,
hockt si zu sei'm Weible na.
Trula . . .

5. Wia der Zug no wieder staut,
d'r Bauer nach sei'm Goißbock schaut,
findt er bloß no 'n Kopf un 's Soil
an dem hintre Wagedoil.
Trula . . .

6. Da kriegt er en große Zore,
packt de Goißkopf bei de Ohre,
schmeißt en, was er schmeiße ka,
'm Konduktör an 'n Ranza na.
Trula . . .

7. „So, jetz kannsch de Schade zahle,
warum bisch so schnell au gfahre!
Du alloi bisch schuld do dra,
daß i d' Goiß verlaure ha!“
Trula . . .

8. So, jetz wär das Liadle g'songe.
Hot's eich reacht in d' Ohre klonge?
Wer's no net begreife ka,
fang's noemol von vorne a!
Trula . . .

T Volkslied aus Schwaben
M Volksweise aus Baden
„Boxberg ist ein schönes Städtchen“

19. Bald gras ich am Neckar

C7
F
C7

1. Bald gras ich am Ne - ckar, bald gras ich am
2. Was hilft mir mein Gra - sen, wenn d'Si - chel, nit
3. Und soll ich dann gra - sen am Ne - ckar, am

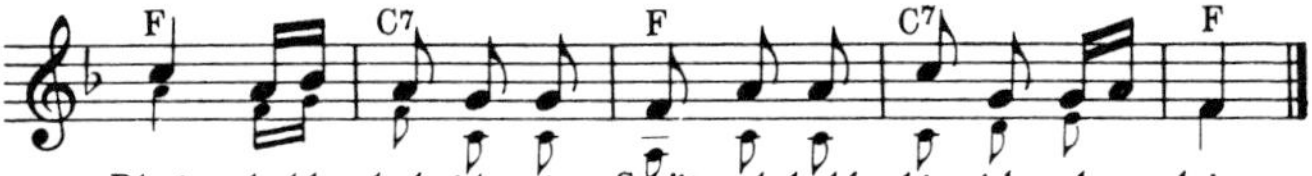
F
C7
F
C7
F

Rhein, bald hab ich ein Schät-zel, bald bin ich al - lein.
schneidt, was hilft mir ein Schät-zel, wenn's bei mir nicht bleibt.
Rhein, so werf ich mein schö-nes Gold- ringlein hin - ein.

4. Es fließet im Neckar, es fließet im Rhein,
soll schwimmen hinunter ins tiefe Meer 'nein.

5. Und schwimmt es, das Ringlein, so frißt es ein Fisch;
das Fischlein soll kommen aufs Königs sein' Tisch.

6. Der König tät fragen, wem's Ringlein soll sein?
Da tät mein Schatz sagen: „Das Ringlein g'hört mein."

7. Mein Schätzlein tat springen bergauf und bergein,
tät mir wied'rum bringen das Goldringlein fein.

8. „Kannst grasen am Neckar, kannst grasen am Rhein,
wirfst du mir nur immer dein Ringlein hinein!"

T u M Volkslied

20. Beim Kronenwirt

F
C7

1. Beim Kro-nen-wirt, da ist heut Ju-bel und Tanz,
2. Der Krischan, der hat beim Herrn Pfarrer sein' Platz,
3. Der Leh-rer, der hält ei - ne feu-ri - ge Red',
1.-3. hei di-del-

C7
F

-dei, di - del - dö, ______
die Kath-rin trägt heut ih - ren
und rot wie der Mohn blüht die
er weiß, daß es oh - ne die

C7 F
hei - li - gen Kranz, hei di - del - dei, di - del - dö. Die
Kath-rin, sein Schatz, Er
Red gar net geht, Und
C7 F F G A g
Mu - sik, die spielt, und all's ju - belt und lacht, die Knö-del, die
sieht nach der Uhr, und es ist erst halb vier, bis sie - ben Uhr
weil er beim Mes-nern und Läu-ten da - bei, so schafft er für
C7 F B C D E F
damp - fen, der Kro - nen - wirt lacht.
blei - ben die Braut - leu - te hier. 1.-5. Hei di - del
zwei, doch er frißt auch für drei.
C7 F C D E F
ha ha ha ha, hei di-del ha ha ha ha, hei
F g C7 F
di-del ha ha ha ha, hei di - del - dö!

4. Auf einmal wird's still, denn der Hans bläst an Tusch,
hei dideldei, dideldö,
das Brautpaar ist plötzlich verschwunden, husch, husch,
hei dideldei, dideldö.
Die Mädel, die blicken verlegen und dumm,
mit am Jauchzer da schwenken die Burschen sie 'rum.
Hei didel . . .

5. Die Nacht ist so lau und der Mond scheint so klar,
hei dideldei, dideldö,
noch einmal jetzt schreiten zum Tanzen die Paar,
hei dideldei, dideldö.
Vom Tanze erdröhnet das uralte Haus,
beim Kronenwirt geht nun das Lämpeli aus.
Hei didel . . .

T Nach H. Bieder
M Volksweise

21. Bekränzt mit Laub

1. Be - kränzt mit Laub den lie - ben, vol - len Be - cher und trinkt ihn fröh - lich leer, und trinkt ihn fröh - lich leer! In ganz Eu - ro - pi - a, ihr Her - ren Ze - cher, ist solch ein Wein nicht mehr, ist solch ein Wein nicht mehr, ist solch ein Wein nicht mehr, ist solch ein Wein nicht mehr!
2. Ihn bringt das Va - ter - land aus sei - ner Fül - le, wie wär er sonst so gut, wie wär er sonst so gut! Wie wär er sonst so e - del, wä - re stil - le und doch voll Kraft und Mut, und doch voll Kraft und Mut, und doch voll Kraft und Mut, und doch voll Kraft und Mut.
3. Thü - rin - gens Ber - ge zum Ex - em - pel brin - gen Ge - wächs, sieht aus wie Wein, Ge - wächs, sieht aus wie Wein, ist's a - ber nicht, man kann da - bei nicht sin - gen, da - bei nicht fröh - lich sein, da - bei nicht fröh - lich sein, da - bei nicht fröh - lich sein, da - bei nicht fröh - lich sein.

4. Im Erzgebirge dürft ihr auch nicht suchen,
|: wenn Wein ihr finden wollt; :|
das bringt nur Silbererz und Kobaltkuchen
|: und etwas Lausegold. :|

5. Der Blocksberg ist der lange Herr Philister,
|: er macht nur Wind, wie der; :|
drum tanzen auch der Kuckuck und sein Küster
||: auf ihm die Kreuz und Quer :||

6. Am Rhein, am Rhein, da wachsen unsre Reben;
|: gesegnet sei der Rhein! :|
Da wachsen sie am Ufer hin und geben
||: uns diesen Labewein. :||

7. So trinkt ihn denn und laßt uns allewege
|: uns freun und fröhlich sein! :|
Und wüßten wir, wo jemand traurig läge,
||: wir gäben ihm den Wein. :||

T Matthias Claudius
M Johann André

22. Bier her!

F C7 F
1.-2. Bier her! Bier her! o - der ich fall um, juch - he!
F C7 F
Bier her! Bier her! o - der ich fall um!
C7 F C7
Soll das Bier im Kel - ler lie - gen, und ich hier die
Wenn ich nicht gleich Bier be-kumm, schmeiß ich die gan - ze
F C7 F
Ohnmacht kriegen?
Knei-pe um! Drum:
Bier her! Bier her! o - der ich fall um!

T Studentenlied
M Gottlob Wilhelm Burmann
„Lebe, strebe“

23. Brüderlein fein

G D7
1. Brü - der - lein fein, Brü - der - lein fein, mußt mir ja nicht
2. Brü - der - lein fein, Brü - der - lein fein, sag mir nur, was
3. Brü - der - lein fein, Brü - der - lein fein, zärt - lich muß ge -
G
bö - se sein! Brü - der - lein fein, Brü - der - lein fein,
fällt dir ein? Brü - der - lein fein, Brü - der - lein fein,
-schie - den sein! Brü - der - lein fein, Brü - der - lein fein,
D7 G D7 G
mußt nicht bö - se sein! Scheint die Son - ne noch so schön,
sag, was fällt dir ein? Geld kann vie - les in der Welt,
's muß ge - schie - den sein! Denk manchmal an mich zu - rück,
D7 G
ein - mal muß sie un - ter - gehn. Brü - der - lein fein,
Ju - gend kauft man nicht ums Geld. Brü - der - lein fein,
schimpf nicht auf der Ju - gend Glück! Brü - der - lein fein,
G D7 G
Brü - der - lein fein, mußt nicht bö - se sein!
Brü - der - lein fein, 's muß ge - schie - den sein.
Brü - der - lein fein, schlag zum Ab - schied ein!

T Ferdinand Raimund in seinem Zaubermärchen „Der Bauer als Millionär"
M Ferdinand Raimund
und Josef Drechsler

24. Brüder, reicht die Hand zum Bunde

Bundeslied

F C7 F B C D g C7 F
1. Brü - der, reicht die Hand zum Bun - de! Die - se
2. Preis und Dank dem Wel - ten - mei - ster, der die
3. Ihr auf die - sem Stern die Be - sten, Brü - der
C C D E F G7 C G7 C
schö - ne Freund-schafts - stun - de führ uns hin zu
Her - zen, der die Gei - ster für ein e - wig
all in Ost und We - sten, wie im Sü - den
Vi- -de
F G C G7 C G7 C
lich - ten Höhn!
Wir - ken schuf!
und_ im Nord:
C F C7 F g C C B A
Laßt, was ir - disch ist, ent - flie - hen, uns - rer
Licht und Recht und Tu - gend schaf-fen durch der
Wahr - heit su - chen, Tu - gend ü - ben, Gott und
G C F g F C C C7 F C7 F
Freundschaft Har - mo - ni - en dau - ern e - wig
Wahr - heit heil'- ge Waf - fen sei uns hei - li -
Men - schen herz - lich lie - ben, das sei un - ser
B C C F g F C d B C C7 F
fest_ und schön, dau - ern e - wig fest_ und schön.
- ger_ Be - ruf, sei uns hei - li - ger_ Be - ruf.
Lo - sungs-wort, das sei un - ser Lo - sungs-wort.

T Bundeslied
M Wolfgang Amadeus Mozart
„Laßt uns mit geschlungnen Händen"

25. Das ist im Leben häßlich eingerichtet

Behüt dich Gott, es wär zu schön gewesen

C7 Cis
1. Das ist im Le - ben häß - lich ein - ge -
2. Leid, Neid und Haß, auch ich hab sie emp -
3. Die Wol - ken fliehn, der Wind saust durch die
D d g
-rich - tet, daß bei den Ro - sen gleich die Dor- nen
-fun - den, ein sturm-ge - prüf - ter, mü - der Wan-ders -
Blät - ter, ein Re - gen - schau - er zieht durch Wald und
A C7
stehn, ___ und was das ar - me Herz auch sehnt und
-mann. ___ Ich träumt von Frie - den dann und stil - len
Feld, ___ zum Ab-schied - neh - men just das rech - te
F a E
dich - tet, zum Schlus - se kommt das Von - ein - an - der -
Stun - den, da führ - te mich der Weg zu dir hin -
Wet - ter, grau wie der Him - mel steht vor mir die
a C7
-gehn. ___ In dei - nen Au - gen hab ich einst ge -
-an. ___ In dei - nen Ar - men wollt ich ganz ge -
Welt. ___ Doch, wend es sich zum Gu - ten o - der
F F C7 F G7 C
-le - sen, es blitz - te drin von Lieb und Glück ein Schein:
-ne - sen, zum Dan - ke dir mein jun - ges Le - ben weihn.
Bö - sen, du schlan - ke Maid, in Treu - en denk ich dein.

F
B F
1.-3. Be-hüt dich Gott! es wär zu schön ge - we - sen, be-hüt dich
D° C Cis° A F7
Gott! es hat nicht sol-len sein. Be-hüt dich Gott! es wär zu schön ge -
B B F G C7 F
- we - sen, be- hüt dich Gott! es hat nicht sol-len sein. _

T Joseph Victor Scheffel im „Trompeter von Säckingen“
M Victor Ernst Neßler

26. Das Lieben bringt groß Freud

F B F F C F
1. Das Lie - ben bringt groß Freud, das _ wis-sen al - le _ Leut. Weiß
2. Ein Brieflein schrieb sie _ mir, ich _ soll treu blei-ben ihr, drauf
3. Mein ei - gen soll sie _ sein, kei'm andern mehr als mein. So _
F C7 F
mir ein schö - nes Schät-ze - lein mit zwei schwarz - brau - nen
schickt ich ihr ein Sträu-ße - lein von Ros - ma - rin und
le - ben wir in _ Freud und Leid, bis daß der Tod uns
C F C7 F
Äu-ge - lein, das mir, das _ mir, das _ mir das Herz er - freut.
Nä-ge - lein, sie soll, sie _ soll, sie _ soll mein ei - gen sein.
bei-de scheidt. Dann ade, dann a-de, dann a-de, mein Schatz, leb wohl!

T u M Volkslied aus Schwaben

27. Das Schiff streicht durch die Wellen

Schifferlied

G D G D
1. Das Schiff streicht durch die Wel - len, fi - de -
2. Ihr dun - kel - blau - en Wo - gen, fi - de -
3. Und wenn die Wel - len rau - schen, fi - de -
G G D G D
-lin. Vom Ost die Se - gel schwel - len, fi - de -
-lin, wo kommt ihr her - ge - zo - gen, fi - de -
-lin, wird sie am U - fer lau - schen, fi - de -
G D G
-lin. Ver - schwunden ist der Strand in die Fer - ne, o wie
-lin? Kommt ihr vom fer - nen Strand? Laßt sie rol - len, denn sie
-lin. Dann ei - let hin zu ihr, sie zu grü - ßen, sie zu
D7 G D G
ger - ne wär ich noch im Hei - mat - land, fi - de - lin, fi - de - lin!
sol - len noch zurück zum Hei - mat - land, fi - de - lin, fi - de - lin!
küs - sen, sagt ihr viel, recht viel von mir, fi - de - lin, fi - de - lin!

4. Mag ich auf Wellen schwanken, fidelin,
sind immer die Gedanken, fidelin,
bei dir im Heimatland.
Was ich singe,
das erklinge
bis hinüber an den Strand,
fidelin, fidelin!

5. Wenn wild die Stürme sausen, fidelin,
und hoch die Wellen brausen, fidelin,
dann denk ich nur an dich,
daß mir bliebe
deine Liebe,
und kein Sturm erschüttert mich,
fidelin, fidelin!

T Joseph Graf von Brassier
M Giovanni Battista Perucchini

28. Da streiten sich die Leut herum

Hobellied

1. Da strei - ten sich die Leut her - um wohl
2. Die Ju - gend will halt stets mit G'walt in
3. Zeigt sich der Tod einst, mit Ver - laub, und
um den Wert des Glücks, der ei - ne heißt den
al - lem glück - lich sein, doch wird man nur ein
zupft mich: „Brü - derl, kumm!“, da stell ich mich im
an - dern dumm, am End weiß kei - ner nix. Da
bis - serl alt, da findt man sich schon drein. Oft
An - fang taub und schau mich gar nicht um. Doch
ist der al - ler - ärmste Mann dem an - dern viel zu reich: Das
zankt mein Weib mit mir, o Graus, das bringt mich nicht in Wut, da
sagt er: „Lie - ber Va - len - tin, mach kei - ne Umständ, geh!“, da
Schick - sal setzt den Ho - bel an und ho - belt s'al - les gleich.
klopf ich mei - nen Ho - bel aus und denk: du brummst mir gut!
leg ich mei - nen Ho - bel hin und sag der Welt a - de.

T aus Ferdinand Raimunds „Verschwender“
M Ferdinand Raimund und
Conradin Kreutzer

29. Das Wandern ist des Müllers Lust

1. Das Wan - dern ist des Mül - lers Lust, das
2. Vom Was - ser ha - ben wir's ge - lernt, vom
3. Das sehn wir auch den Rä - dern ab, das
Wan - dern ist des Mül - lers Lust, das Wan - dern! Das
Was - ser ha - ben wir's ge - lernt, vom Was - ser! Das
sehn wir auch den Rä - dern ab, den Rä - dern, die
muß ein schlechter Mül - ler sein, dem nie - mals fiel das
hat nicht Ruh bei Tag und Nacht, ist stets auf Wan - der -
gar nicht ger - ne stil - le stehn, die sich bei Tag nicht
Wan - dern ein, dem nie - mals fiel das Wan - dern ein, das
- schaft be - dacht, ist stets auf Wan - der - schaft be - dacht, das
mü - de drehn, die sich bei Tag nicht mü - de drehn, die
Wan - dern, Wan - dern, das Wan - dern, das Wan -
Was - ser, Was - ser, das Was - ser, das Was -
Rä - der, Rä - der, die Rä - der, die Rä -
- dern, das Wan - dern, das Wan - dern, das Wan - dern!
- ser, das Was - ser, das Was - ser, das Was - ser.
- der, die Rä - der, die Rä - der, die Rä - der.

4. |: Die Steine selbst, so schwer sie sind, :|
die Steine,
sie tanzen mit den muntern Reihn
|: und wollen gar noch schneller sein, :|
die Steine, Steine,
|: die Steine, die Steine, :| die Steine.

5. |: O Wandern, Wandern, meine Lust, :|
o Wandern!
Herr Meister und Frau Meisterin,
|: laßt mich in Frieden weiterziehn :|
und wandern, wandern,
|: und wandern, und wandern, :| und wandern!

T Wilhelm Müller
M Carl Friedrich Zöllner

30. Dat du min Leevsten büst

G D G
1. Dat du min Leev - sten __ büst, dat du wol
2. Kumm du üm Mid - der - nacht, kumm du Klock
3. Klopp an de Kam - mer - dör, fat an de
D a D G
weeßt. Kumm bi de Nacht, kumm bi de Nacht,
een! Va - der __ slöpt, Mo - der __ slöpt,
Klink! Va - der __ meent, Mo - der __ meent,
D G a D
segg mi wat Leevs! __ Kumm bi de Nacht,
ick slap al - leen, __ Va - der slöpt,
dat deit de Wind, __ Va - der meent,
G a c D G
kumm bi de Nacht, segg mi wat Leevs!
Mo - der slöpt, ick slap al - leen.
Mo - der meent, dat deit de Wind.

4. Kummt denn de Morgenstund,
kreiht de ol Hahn.
|: Leevster min, Leevster min,
denn mößt du gahn! :|

5. Sachen den Gang henlank,
lies mit de Klink!
|: Vader meent, Moder meent,
dat deit de Wind. :|

T Volkslied aus Schleswig-Holstein
M Weise des norddeutschen
Liedes „Laßt uns, ihr Brüder“

31. Den lieben langen Tag

F C d A g C F C F C7 F C7 F
1. Den lie - ben lan - gen Tag hab i nur Not und Plag,
2. Denn, ach! mei Lieb ist tot, ist drobn beim lie - ben Gott,
3. Jetzt kommt er nim - mer-mehr, das drückt mi gar zu schwer,
den lie - ben lan - gen Tag hab i nur Not und Plag und
denn, ach! mei Lieb ist tot, ist drobn beim lie - ben Gott, er
jetzt kommt er nim - mermehr, das drückt mi gar zu schwer, und
sollt am A - bend doch nit wei - ne? Wenn ich am
war mit Herz und Sinn der mei - ne. Ich seh ihn
a - bends muß i im - mer wei - ne! Wenn d'Stern spa -
Fen - ster steh und in die Nacht nei seh so ganz al -
nim - mer-mehr, das macht mir's Herz so schwer, und i muß
- zie - ren - gehn, glaub i sein Aug' zu sehn, und bin al -
- lei - ne, da muß i wei - ne, wenn ich am
wei - ne, bin i al - lei - ne, ich seh ihn
- lei - ne, da muß i wei - ne, wenn d'Stern spa -
Fen - ster steh und in die Nacht nei seh
nim - mer - mehr, das macht mir's Herz so schwer,
- zie - ren - gehn, glaub i sein Aug' zu sehn,

C7 F
so ganz al - lei - ne, da muß i wei - ne.
und i muß wei - ne, bin i al - lei - ne!
und bin al - lei - ne, da muß i wei - ne!

T Philipp Jacob Düringer
M Volksweise aus Tirol
„Um hoalber Neune"

32. Der Frühling hat sich eingestellt

C G7
1. Der Früh - ling hat sich ein - ge - stellt! Wohl -
2. Er hielt im Wal - de sich ver - steckt, daß
3. Jetzt ist der Früh - ling wie - der da, ihm
C G G7
- an, wer will ihn sehn? Der muß mit mir ins
nie - mand ihn mehr sah, ein Vög - lein hat ihn
folgt, wo - hin er zieht, nur lau - ter Freu - de
C G7 C
frei - e Feld, ins grü - ne Feld nun gehn.
auf - ge - weckt, jetzt ist er wie - der da.
fern und nah und lau - ter Spiel und Lied.

4. Und allen hat er, groß und klein,
was Schönes mitgebracht,
und sollt's auch nur ein Sträußchen sein,
er hat an uns gedacht.

5. Drum frisch hinaus ins freie Feld,
ins grüne Feld hinaus!
Der Frühling hat sich eingestellt;
wer bliebe da zu Haus?

T Heinrich Hoffmann von Fallersleben
M „Es steht ein Baum im Odenwald"

33. Der Jäger in dem grünen Wald

1. Der Jä - ger in dem grü - nen Wald, der sucht des Tier - leins
2. Mein Hünd - lein hab ich stets bei mir in die - sem grü - nen
3. Ich sing mein Lied aus vol - ler Brust, der Hirsch tut ei - nen
Auf - ent - halt. Und er ging wohl in dem Wald bald
Laub - re - vier. Und mein Hün - de - lein, das wacht, und mein
Satz vor Lust. Und der Fink, der Fink, der pfeift, und der
hin, bald her, und er ging wohl in dem Wald bald
Herz, das lacht, und mein Hün - de - lein, das wacht, und mein
Ku - ckuck schreit, und der Fink, der Fink, der pfeift, und der
hin und her, ob auch nichts, ob auch nichts, ob
Herz, das lacht, mei - ne Au - gen, mei - ne Au - gen, mei - ne
Ku - ckuck schreit, und die Ha - sen, und die Ha - sen, und die
auch nichts an - zu - tref - fen wär.
Au - gen leuch - ten hell und klar.
Ha - sen krat - zen sich am Bart.

4. Und als ich in den Wald 'neinkam,
traf ich ein schönes Mägdlein an.
|: „Ei, wie kommst du in den Wald,
in den Wald hinein, :|
du strahlenaugig Mägdelein,
wie kommst du in den Wald hinein?

5. Du sollst nicht länger bleiben hier
in diesem grünen Laubrevier.
|: Bleibe du bei mir als meine Jägerin, :|
du strahlloses Mägdelein,
bleib du bei mir als meine Braut!"

T Volkslied aus Westfalen
M Volksweise

34. Der Jäger längs dem Weiher ging

Einer G D G Alle G D G Einer
1. Der Jä - ger längs dem Wei - her ging.
2. „Was ra-schelt in dem Gra - se dort?"
3. Ein Häs-chen spielt im Mon-denschein.
Lauf, Jä-ger, lauf!
Die
Was
Ihm
D E A7 D Alle G A H C
Däm-me-rung den Wald um-fing.
flü-stert lei - se fort und fort?
leuch-ten froh die Äu - ge - lein.
1.-9. Lauf, Jä-ger, lauf, Jä-ger,
H A G D A A7 D
lie-ber Jä-ger, gu-ter Jä-ger,
lauf, lauf, lauf, mein lie - ber Jä - ger, lauf, lauf, lauf,
D G D G a c G D D G
mein lie-ber Jä-ger, lauf, mein lie-ber Jä-ger, lauf!

4. „Was ist das für ein Untier doch?" ...
„Hat Ohren wie ein Blocksberg hoch!" ...

5. „Das muß fürwahr ein Kobold sein", ...
„Hat Augen wie Karfunkelstein!" ...

6. Der Jäger furchtsam um sich schaut, ...
„Jetzt gilt es wagen, o mir graut!" ...

7. O Jäger, laß die Büchse ruhn, ...
Das Tier könnt dir ein Leides tun. ...

8. Der Jäger lief zum Wald hinaus, ...
Verkroch sich flink im Jägerhaus. ...

9. Das Häschen spielt im Mondenschein, ...
Ihm leuchten froh die Äugelein. ...

T Volkslied aus dem Taunus
M Volksweise aus der Mark Brandenburg

35. Der Mai ist gekommen

C G C
1. Der Mai ist ge - kom-men, die Bäu-me schlagen aus, da
2. Herr Va - ter, Frau Mut-ter, daß Gott euch be - hüt! Wer
3. Frisch auf drum, frisch auf drum im hel - len Son-nen-strahl, wohl
C d G C
blei - be, wer Lust hat, mit Sor - gen zu Haus! Wie die
weiß, wo in der Fer - ne mein Glück mir noch blüht! Es gibt
ü - ber die Ber - ge, wohl durch das tie - fe Tal! Die
G D G G7
Wol - ken dort wan-dern am himm-li - schen Zelt, so
so man - che Stra - ße, die nim - mer ich marschiert, es
Quel - len er - klin-gen, die Bäu - me rauschen all, mein
C G C
steht auch mir der Sinn in die wei - te, wei - te Welt.
gibt so man-chen Wein, den ich nim - mer noch pro - biert.
Herz ist wie 'ne Ler - che und stim - met ein mit Schall.

4. Und abends im Städtchen, da kehr ich durstig ein:
„Herr Wirt, mein Herr Wirt, eine Kanne blanken Wein!
Ergreife die Fiedel, du lust'ger Spielmann du!
Von meinem Schatz das Liedel, das sing ich dazu."

5. Und find ich keine Herberg, so lieg ich zur Nacht
wohl unter blauem Himmel, die Sterne halten Wacht;
im Winde die Linde, die rauscht mich ein gemach,
es küsset in der Frühe das Morgenrot mich wach.

6. O Wandern, o Wandern, du freie Burschenlust,
da wehet Gottes Odem so frisch in die Brust;
da singet und jauchzet das Herz zum Himmelszelt:
wie bist du doch so schön, o du weite, weite Welt!

T Emanuel Geibel
M Justus W. Lyra (1822-1882), 1843

36. Der Mond ist aufgegangen

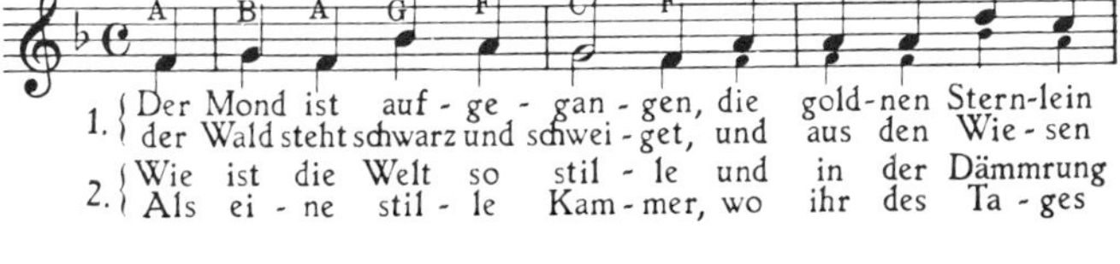
A B A G F C7 F
1. Der Mond ist auf - ge - gan - gen, die gold-nen Stern-lein
der Wald steht schwarz und schwei - get, und aus den Wie - sen
2. Wie ist die Welt so stil - le und in der Dämmrung
Als ei - ne stil - le Kam - mer, wo ihr des Ta - ges

C7 d A G F 1.C 2.C A B F

{pran-gen am Him-mel hell und klar,
{stei-get der wei-ße Ne-bel wun-der-bar.
{Hül-le so trau-lich und so hold!
{Jam-mer ver-schlafen und ver- -ges-sen sollt.

3. Seht ihr den Mond dort stehen?
Er ist nur halb zu sehen
und ist doch rund und schön!
So sind wohl manche Sachen,
die wir getrost belachen,
weil unsre Augen sie nicht sehn.

4. So legt euch denn, ihr Brüder,
in Gottes Namen nieder!
Kalt ist der Abendhauch.
Verschon uns, Gott, mit Strafen
und laß uns ruhig schlafen
und unsern kranken Nachbar auch.

T Matthias Claudius
M Joh. Abraham Peter Schulz

37. De Sonn steigt hinnern Wald

Feieromd

G D G D7 G D G D

1. De Sonn steigt hin-nern Wald drübn nei, be saamt de Wol-ken rut, a
2. Un ü-bern Wald a Vö-ge-la fliegt noch sann Nastel zu, von
3. Do zieht's wie Frieden durch de Brust, es klingt als wie a Lied, aus

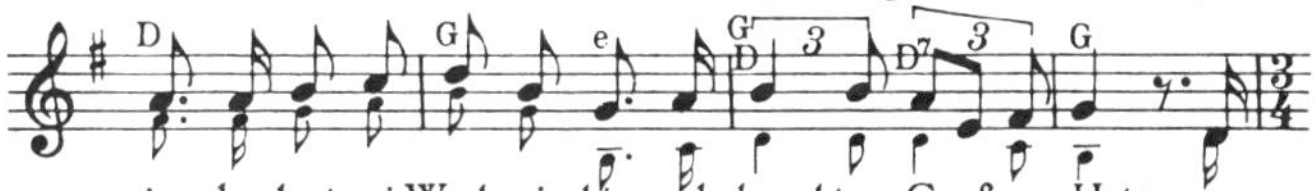
D G e G D 3 D7 3 G

je-der legt sei Wark zeig hi und schwenkt zen Gruß sann Hut.
Dör-fel drübn a Glö-ckel klingt, dos mahnt: Legt eich zer Ruh! } 1.-4. 's is
längst ver-gangne Zeiten rauscht's gar haam-lich durchs Gemüt:

D G E 3 A D

Fei-er-omd, 's is Fei-er-omd, es Tog-wark is vollbracht, 's gieht

D G e G D 3 D7 3 G

al-les sei-ner Haa-mit zu, ganz sach-te schleicht de Nacht.

4. Gar mannichs Herz hot ausgeschlogn,
verbei is Sorg un Müh,
un übern Wald ganz sachte zieht
a Rauschen drüber hi:
's is Feieromd . . .

T u M Anton Günther, op. 30
Mit Genehmigung des Verlages Friedrich Hofmeister, Frankfurt am Main

38. Deutschlandlied

3. Ei - nig - keit und Recht und Frei-heit für das deut-sche Va - ter -
-land! Da - nach laßt uns al - le stre - ben brü - der -
-lich mit Herz und Hand! Ei - nig - keit und Recht und
Frei-heit sind des Glü-ckes Un - ter - pfand. Blüh im
Glan - ze die- ses Glückes, blü - he, deut-sches Va - ter - land!

T Heinrich Hoffmann von Fallersleben
M Joseph Haydn
„Gott erhalte Franz, den Kaiser"

39. Die Blümelein, sie schlafen

1. Die Blü - me - lein, sie schla-fen schon längst im Mondenschein, sie
2. Die Vö - ge - lein, sie san-gen so süß im Sonnenschein, sie
3. Sandmännchen kommt ge-schli-chen und guckt durchs Fenster-lein, ob

G H e A D G D D
ni - cken mit den Köp - fen auf ih - ren Sten-ge - lein. Es
sind zur Ruh ge - gan - gen in ih - re Nestchen klein, das
ir - gend noch ein Lieb-chen nicht mag zu Bet - te sein, und
G E a D G D
rüt - telt sich der Blü - ten-baum, er säu-selt wie im Traum.
Heim-chen in dem Äh - ren-grund, es tut al - lein sich kund.
wo er noch ein Kindchen fand, streut er ins Aug ihm Sand:
G D H e G D D7 G
1.-3. Schla - fe, schla - fe du, mein Kind-lein, schla-fe ein!

T Anton Wilhelm von Zuccalmaglio
M Zuccalmaglio nach „Zu Bethlehem geboren"

40. Die Gedanken sind frei

C G7 C
1. Die Ge-dan-ken sind frei! Wer kann sie er - ra - ten? Sie fliehen vor-
2. Ich den-ke, was ich will und was mich be-glü-cket, doch al - les in der
C d G C G C
-bei wie nächt-li-che Schat-ten. Kein Mensch kann sie wis-sen, kein
Still, und wie es sich schi-cket. Mein Wunsch und Be - geh-ren kann
G C F C C G G7 C
Jä-ger er - schie-ßen, es blei-bet da - bei: Die Ge - danken sind frei!
niemand ver-weh-ren, es blei-bet da - bei: Die Ge - danken sind frei!

3. Und sperrt man mich ein
in finsteren Kerker,
das alles sind rein
vergebliche Werke;
denn meine Gedanken
zerreißen die Schranken
und Mauern entzwei:
Die Gedanken sind frei!

4. Drum will ich auf immer
den Sorgen entsagen,
und will mich auch nimmer
mit Grillen mehr plagen.
Man kann ja im Herzen
stets lachen und scherzen
und denken dabei:
Die Gedanken sind frei!

T Volkslied aus Süddeutschland
M Volksweise aus der Schweiz

41. Die Leineweber

Einer
G C G
1. Die Lei-ne-we-ber ha-ben ei-ne sau-be-re Zunft.
2. Die Lei-ne-we-ber sind all auf du und du.
3. Der Lei-ne-we-ber schlachtet al-le Jahr zwei Schwein.
Alle
C D7 gestampft G G G Einer G
1.-5. Ha-rum di-dscha-rum schrum, schrum, schrum.
Mitt-fa-sten hal-ten sie Zu-sam-men-kunft.
Sie trin-ken ein-an-der aus Wasch-kübeln zu.
Das ei-ne ist ge-stoh-len, das andre ist nicht sein.
G C G
Alle
C D7
Ha-rum di-dscha-rum
gestampft G G G
schrum, schrum, schrum.
Einer
D E F Fis
1.-5. A-sche-grau-e, dun-kel-blau-e,
mir ein Vier-tel, dir ein Vier-tel,
Alle
gestampft G G G
schrum, schrum, schrum.
G D7 G
Fein o-der grob, Geld gibt es doch!
C a gestampft D7 G
A-sche-grau-e, dun-kel-blau-e, schrum, schrum, schrum.

4. Die Leineweber nehmen keinen Lehrbuben an, harum ...
der nicht sechs Wochen lang hungern kann. Harum ...

5. Die Leineweber machen eine zarte Musik, harum ...
als führen zwanzig Müllerwagen über die Brück. Harum ...

T u M Volkslied

42. Dort in den Weiden steht ein Haus

e a
1. Dort in den Wei - den steht ein Haus, steht ein Haus,
2. „Des Mor-gens fährt er auf dem Fluß, auf dem Fluß,
3. „Die Nach-ti - gall im Flie - der-strauch, Flie - der-strauch,
e e
steht ein Haus, da schaut die Magd zum Fen - ster naus, zum
auf dem Fluß und singt her - ü - ber sei - nen Gruß, ja
Flie - der-strauch, was sie da singt, ver - steh ich auch, ver -
e H7 e e
Fen - ster naus. Sie__ schaut strom - auf, sie
sei - nen Gruß. Des__ A - bends, wenn's Glüh -
- steh ich auch. Sie__ sag - te: ü - bers
G D a
schaut strom - ab: „Ist noch nicht da mein Her - zens-knab? Der
- würm-chen fliegt, sein Na - chen an das U - fer wiegt, da
Jahr ist Fest, hab ich, mein Lieb-ster, auch ein Nest, wo
C e H7 e
schön-ste Bursch am gan - zen Rhein, den nenn ich mein!"
kann ich mit dem Bur - schen mein bei - sam - men sein."
ich dann mit dem Bur - schen mein die Frohst' am Rhein!"

T Anton Wilhelm von Zuccalmaglio
M Zuccalmaglio nach Volksweisen

43. Dort wo der Rhein mit seinen grünen Wellen

B
Es
B
1. Dort wo der Rhein mit sei - nen grü - nen Wel - len
2. Dort wo der grau - en Vor-zeit schö - ne Lü - gen
3. Ja, dort-hin will ich mei-nen Schritt be - flü - geln,
B
g
C7
F
so man - cher Burg be-mooste Trümmer grüßt, dort wo die
sich freund-lich drän-gen um die Phan-ta - sie, dort ist, denn
wo - hin sich jetzt nur mei-ne Sehnsucht träumt, will freudig
D7
g
blau - en Trau-ben saft'-ger schwel-len und küh-ler
mei - ne Sehnsucht kann nicht trü - gen, dort ist das
ei - len zu den Re - ben - hü - geln, wo die Be -
1. Dort möcht ich
2. Dort möcht ich
3. Bald bin ich
F
C
C7
F
Most des Win - zers Müh ver - süßt:
Land der schö - nen Po - e - sie.
- geist - rung aus Po - ka - len schäumt.
sein, dort möcht ich sein, bei
sein, dort möcht ich sein, bei
dort, bald bin ich dort, und
B
Dort möcht ich sein, dort möcht ich sein, bei
Dort möcht ich sein, dort möcht ich sein, bei
Bald bin ich dort, bald bin ich dort, und

G7 c B F7 B
dir, du Va-ter Rhein, auf dei-nen Ber-gen möcht ich sein._
dir, du Va-ter Rhein, wo Sa-gen sich an Sa-gen reih'n.
du, mein Va-ter Rhein, stimmst froh in mei-ne Lie-der ein._

T Aus Sachsen
M Georg Schmitt von Trier

44. Drei Lilien

1. Drei_ Li - li - en, drei Li - li - en, die
2. Ach_ Rei - ter, lie - ber Rei - ters - mann, laß
3. Und_ ster - be ich noch heu - - - te, so
pflanzt ich auf mein Grab, val - le - ra, da_ kam ein stol - zer_
doch die Li - lien stehn, val - le - ra, die_ soll ja mein Feins-
bin ich mor - gen tot, val - le - ra, dann be - gra - ben mich die_
Rei - ter und brach sie ab.
- liebchen noch ein - mal sehn.
Leu - te ums Mor - gen - rot.
1.-3. Ju - vi - val - le - ral - le - ral - le - ral - le-
- ra,_ ju - vi - val - le - ral - le - ral - le - ral - le - ra,_
da
die
dann be-
kam ein stol - zer_ Rei - ter und brach sie_ ab.
soll ja mein Feins - lieb - chen noch ein - mal_ sehn.
- gra - ben mich die_ Leu - te ums Mor - gen - rot.

T Absprengsel des Volksliedes „Es blies ein Jäger"
M Volksweise

45. Droben im Oberland

D
e
A7
D

1. Dro-ben im O-ber-land, hei, da ist es wunder-schön!
2. Schießmir an Gamsbock z'samm, fallt er o-der fallt er net.
3. Ge-stern ist Sonn-tag gwe, hei, da war sie wie-der da!

1.-5. hal-li-hal-lo,

D
G
e
A7

Da blüht die Jä-ge-rei, da ist das
Fallt er net, so bleibt er stehn, zu meinem Madel
Sie hatt ein Hü-terl auf, eine wunderschöne

hal-li-hal-lo,
1. ich O-ber-jä-ger sein,
2. zum Ma-del muß i gehn
3. so rei-zend, rei-zend aus,

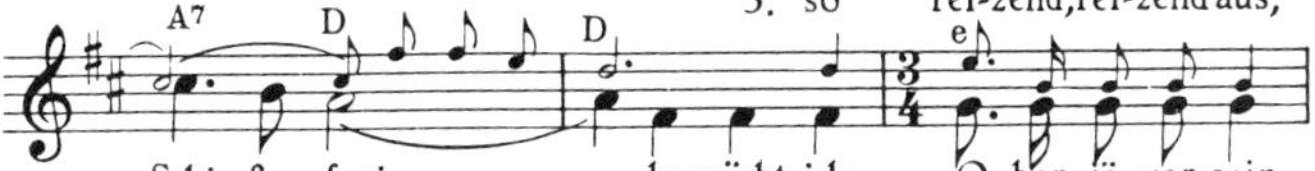
A7
D
D
e

Schie-ßen frei, da möcht ich O-ber-jä-ger sein,
muß i gehn, zu mei-nem Ma-del muß i gehn
Fe-der drauf, sie sah so rei-zend, rei-zend aus,

Schie-ßen, das ist mei-ne Freud!
al-le Woch sechs,-sie-ben-mal.
und ich ging mit ihr nach Haus.

A7
D

Schie-ßen, das ist mei-ne Freud!
al-le Woch sechs,-sie-ben-mal.
und ich ging mit ihr nach Haus.

4. |: Vor der Tür angelangt,
ei, da sagte sie zu mir: :|
|: „Hast mich nach Haus gebracht,
hast deine Sache gut gemacht!"
Beim Abschied gab sie mir zum Schluß
einen zuckersüßen Kuß. :|

5. |: Lauter hübsche junge Leut sein's mir,
lauter hübsche junge Leut. :|
|: Wenn mir hübschen jungen Leut net wärn,
wer sollt das viele Geld verzehrn?
Wer sollt die Kinderwagen schiebn
und die saubern Weiber liebn? :|

T Aus dem Volkslied „Draußen im Schwabeland" entstanden
M Umbildung der Volksweise „Drunten im Unterland"

46. Drunten im Unterland

G C D7 G
1. Drun-ten im Un- ter- land, da_ ist's_ halt_ fein.
2. Drun-ten im Ne-ckar-tal, da_ ist's_ halt_ gut.
G D7 G
Schle-hen im O-ber-land, Trau-ben im Un-ter-land.
Ist mer's da o-ben 'rum manch-mal au' no' so dumm,
G C D7 G
Drun-ten_ im Un-ter-land möcht i_ wohl sein.
han_ i_ doch al-le-weil drun-ten_ gut's Blut.

3. |: Kalt ist's im Oberland,
unten ist's warm. :|
Oben sind d'Leut so reich,
d'Herzen sind gar net weich,
sehn mi net freundlich an,
werden net warm.

4. |: Aber da unten 'rum,
da sind d'Leut arm, :|
aber so froh und frei
und in der Liebe treu;
drum sind im Unterland
d'Herzen so warm.

T Gottfried Weigle
M Volkslied aus Schwaben

47. Du, du dalketer Jagersbua

D A7 D
1. Du,_ du_ dal-ke-ter Ja-gers-bua, i,_ i_ werd dir's aus-zahl'n!
2. Du,_ du_ dal-ke-ter Müllers-bua, i,_ i_ werd dir's aus-zahl'n!
3. Du,_ du_ dal-ke-ter Schreibersbua, i,_ i_ werd dir's vertreibn!
D A7 D
I,_ i_ dreh dir dei Hahn-le ab, daß_ du_ nimmer kannst knalln!
I,_ i_ sauf dir dei Was-serl ab, daß_ du_ nimmer kannst mahln!
I,_ i_ sauf dir dei Tin-ten aus, daß_ du_ nimmer kannst schreibn!

T u M Volkslied aus Kärnten

48. Du, du liegst mir im Herzen

D A
1. Du, du liegst mir im Her - zen, du, du
2. So, so wie ich dich lie - be, so, so
3. Doch, doch darf ich dir trau - en, dir, dir
A D h e
liegst mir im Sinn, du, du machst mir viel Schmer-zen,
lie - be auch mich! Die, die zärt - lich-sten Trie - be
mit leich-tem Sinn? Du, du darfst auf mich bau - en,
e A7 D G D
weißt nicht, wie gut ich dir bin, ja, ja,
fühl ich al - lein nur für dich, ja, ja,
weißt ja, wie gut ich dir bin, ja, ja,
Fis h e A7 D
ja, ja, weißt nicht, wie gut ich dir bin.
ja, ja, fühl ich al - lein nur für dich!
ja, ja, weißt ja, wie gut ich dir bin!

4. Und, und wenn in der Ferne
dir, dir mein Bild erscheint,
dann, dann wünscht ich so gerne,
daß uns die Liebe vereint,
ja, ja, ja, ja, daß uns die Liebe vereint!

T u M Volkslied aus Norddeutschland

49. Durchs Wiesetal gang i jetz na

G D G D
1. {Durchs Wie - se - tal gang i jetz na, / Jetz gang i durchs Wie - se - tal na,} brech
2. Und wenn i's ver - lo - re doch hab, war - um
3. Ach, 's lebt ja und ist mer net treu, und i
G D G
lau - ter Ba - ten - ke mir a. Ba -
liegst denn net drun - te im Grab? Tät zum
weiß, jetzt ist al - les vor - bei! Und die
G E a D7 G A7
-ten - ke muß i bre - che, schöns Sträu - ße - le draus
Grab ja mit Kla - ge schöns Sträu - ße - le naus -
Ro - se und die Nel - ke müssen trau - rig all ver -
G D G D7 G
flech - te, aus lau - ter Ba - ten - ke und Klee,
-tra - ge aus lau - ter Ba - ten - ke und Klee,
-wel - ke, ver - wel - ke Ba - ten - ke und Klee,
C E Fis G D7 G
1.-3. i han jo koi Schät - ze - le meh!

T u M Volkslied aus dem Schwarzwald

50. Eine Seefahrt, die ist lustig

1. Ei - ne See-fahrt, die ist lu - stig, ei - ne See-fahrt, die ist schön, denn da kann man frem-de Län-der und noch man-ches and - re sehn.
2. In des Bun-kers tiefsten Gründen, zwischen Koh-len ganz ver- steckt, pennt der al - ler-faul-ste Sto - ker, bis der O - ber-maat ihn weckt.
1.-8. Hol - la - hi, hol - la - ho,
1.-8. Hol-la - hi, hol-la - ho, hol - la - hi - a, hi - a, hi - a, hol-la - hi - a, hol-la - ho,
hol - la - hi, hol-la - ho, a - ho,
hol-la - hi, hol-la - ho, ho - la - hi - a, hi - a, hi - a, hol-la - ho!

3. „Komm mal rauf, mein Herzensjunge,
komm mal rauf, du altes Schw . . .,
nicht mal Kohlen kannst du trimmen
und ein Stoker willst du sein?“
Hollahi . . .

4. Und er haut ihm vor'n Dassel,
daß er in die Kohlen fällt
und die heilgen zwölf Apostel
für 'ne Räuberbande hält.
Hollahi . . .

5. Mit der Fleischback schwer beladen
schwankt der Seemann übers Deck,
doch das Fleisch ist voller Maden,
läuft ihm schon von selber weg.
Hollahi . . .

6. Und der Koch in der Kombüse
ist 'ne dicke, faule S . .,
mit de Beene ins Gemüse,
mit de Arme im Kakau.
Hollahi . . .

7. Und die kleinen weißen Möwen,
die erfüllen ihren Zweck
und sie ßtn, ßtn, ßtn
auf das frischgewaschne Deck.
Hollahi . . .

8. In der Heimat angekommen,
fängt ein neues Leben an,
eine Frau wird sich genommen,
Kinder bringt der Weihnachtsmann
Hollahi . . .

51. Ein Heller und ein Batzen

C G
1. Ein Hel - ler und ein Bat - zen, die wa - ren bei - de
2. Die Wirtsleut und die Mä - del, die ru - fen beid: „O
3. Mein' Strümp-fe sind zer - ris - sen, mein' Stie - fel sind ent -
C F C F C G7
mein, ja mein. Der Hel - ler ward zu Was - ser, der Bat - zen ward zu
weh, o weh!" Die Wirtsleut, wenn ich kom - me, die Mä - del, wenn ich
- zwei, entzwei. Und drau-ßen auf der Hei - de, da singt der Vo - gel
C F C F C G G7 C
Wein, ja Wein; der Hel - ler ward zu Was - ser, der Bat - zen ward zu Wein.
geh, ja geh, die Wirtsleut, wenn ich kom - me, die Mä - del, wenn ich geh.
frei, ja frei; und draußen auf der Hei - de, da singt der Vo - gel frei.
C F
1.-3. Hei - di hei - do hei-da, hei - di hei - do hei-da, hei -
1. G C 2. G7 C
- di hei-do hei - da, ha ha ha ha ha ha ha, - di, hei-do hei - da!

4. Und gäbs kein' Landstraß nirgends,
da säß ich still zu Haus, zu Haus.
Und gäbs kein Loch im Fasse,
da tränk ich gar nicht draus, nicht draus;
und gäbs kein Loch im Fasse,
da tränk ich gar nicht draus. Heidi . . .

5. War das nicht eine Freude,
als mich der Herrgott schuf, ja schuf?
Ein' Kerl wie Samt und Seide,
nur schade, daß er suff, ja suff;
ein' Kerl wie Samt und Seide,
nur schade, daß er suff! Heidi . . .

T Albert Graf von Schlippenbach
M Volksweise

52. Ein Jäger aus Kurpfalz

1. Ein Jä - ger aus Kur - pfalz, der rei - tet durch den
2. Auf, sat - telt mir mein Pferd und legt dar - auf den
3. Jetzt geh ich nicht mehr heim, bis daß der Ku - ckuck
grü - nen Wald, er schießt das Wild da - her, gleich wie es ihm ge -
Man - tel - sack, so reit ich hin und her als Jä - ger aus Kur-
„Ku-ckuck" schreit, er schreit die gan - ze Nacht all - hier auf grü - ner
- fällt.
- pfalz. 1.-3. Ju - ja, ju - ja, gar lu - stig ist die Jä - ge - rei all-
Heid.
- hier auf grü - ner Heid, all - hier auf grü - ner Heid.

T Volkslied
M Volksweise aus Schwaben

53. Ein lustger Musikante

1. Ein lust - ger Mu - si - kan - te mar - schier - te einst am
2. Da nahm der Mu - si - kan - te sein al - te Gei -
3. Und wie der Mu - si - kan - te den er - sten Strich ge -
Nil, o tem - po - ra, o mo - res, da kroch aus dem
g'n, o tem - po - ra, o mo - res, und tät mit sei - nem
- tan, o tem - po - ra, o mo - res, da fing der Kro - ko -

Was-ser ein gro - ßer Kro-ko - dil, o tem - po - ra, o
Bo - gen gar fein dar - ü - ber streich'n, o tem - po - ra, o
-di - le zu tan - - zen an, o tem - po - ra, o
mo - res! Der wollt ihn gar ver - schlu-cken,
mo - res! Al - le - gro, dol - ce, pre - sto,
mo - res! Menu - ett, Ga - lopp und Wal - zer,
1.-6. wer
weiß, wie das ge - schah? Juch - hei - ras - sa - sa, o tem-po-tem-po-
-ra! Ge - lo - bet seist du je-der-zeit, Frau Mu - si - ca!

4. Er tanzte wohl im Sande im Kreise herum,
o tempora, o mores,
und tanzte sieben alte Pyramiden um,
o tempora, o mores!
Denn die sind lange wacklig, wer weiß ...

5. Und als die Pyramiden das Teufelsviech erschlag'n,
o tempora, o mores,
da ging er in ein Wirtshaus und sorgt für seinen Mag'n,
o tempora, o mores!
Tokayerwein, Burgunderwein, wer weiß ...

6. 'ne Musikantenkehle, die ist als wie ein Loch,
o tempora, o mores,
und hat er noch nicht aufgehört, so trinkt er heute noch,
o tempora, o mores!
Und wir, wir trinken mit ihm, wer weiß ...

T Emanuel Geibel
M Ältere Volksweise zu „Die Binsgauer wollten wallfahrten gahn"

54. Ein Prosit der Gemütlichkeit

G C G D D7 G
Ein Pro - sit, ein Pro - sit der Ge - müt - lich - keit, ein
G C H C G D D7 G
Pro - sit, ein Pro - sit der Ge - müt - lich - keit!

55. Ein Schäfermädchen weidete

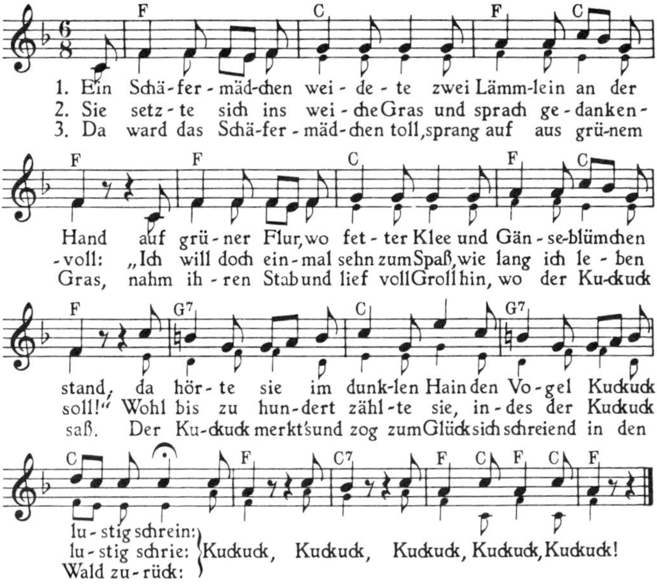
1. Ein Schä - fer - mäd - chen wei - de - te zwei Lämm - lein an der
2. Sie setz - te sich ins wei - che Gras und sprach ge - danken -
3. Da ward das Schä - fer - mäd - chen toll, sprang auf aus grü - nem
Hand auf grü - ner Flur, wo fet - ter Klee und Gän - se - blümchen
- voll: „Ich will doch ein - mal sehn zum Spaß, wie lang ich le - ben
Gras, nahm ih - ren Stab und lief voll Groll hin, wo der Ku - ckuck
stand, da hör - te sie im dunk - len Hain den Vo - gel Kuckuck
soll!“ Wohl bis zu hun - dert zähl - te sie, in - des der Kuckuck
saß. Der Ku - ckuck merkt's und zog zum Glück sich schreiend in den
lu - stig schrein:
lu - stig schrie: Kuckuck, Kuckuck, Kuckuck, Kuckuck, Kuckuck!
Wald zu - rück:

4. Sie lief weit in den Wald hinein,
da ward sie müd und sprach:
„Ja, meinetwegen magst du schrein!
Ich geh nicht weiter nach.“
Sie will zurück, da springt hervor
ihr Schäfer und ruft ihr ins Ohr: Kuckuck, . . .

T u M Volkslied

56. Ein Vogel wollte Hochzeit machen

F C7 F C
1. Ein Vo-gel woll-te Hochzeit ma-chen in dem grü-nen Wal-de.
2. Der Gimpel war der Bräu-ti-gam, die Am-sel war die Braute.
3. Die Ler - che, die Ler - che, die führt' die Braut zur Ker-che.
F C7 F C7 F
1.-13. Fi-di - ral-la-la, fi-di - ral-la-la, fi-di - ral-la-la-la - la.

4. Der Auerhahn, der Auerhahn,
derselbig war der Herr Kaplan ...

5. Die Meise, die Meise,
die sang das Kyrieleise ...

6. Die Gänse und die Anten,
das war'n die Musikanten ...

7. Der Pfau mit seinem langen Schwanz,
der führt' die Braut zum Hochzeitstanz ...

8. Der Seidenschwanz, der Seidenschwanz,
der sang das Lied vom Jungfernkranz ...

9. Die Puten, die Puten,
die machten breite Schnuten ...

10. Brautmutter war die Eule,
nahm Abschied mit Geheule ...

11. Das Finkelein, das Finkelein,
das führt' die Braut ins Kämmerlein ...

12. Der Uhuhu, der Uhuhu,
der macht' die Fensterläden zu ...

13. Der Hahn, der krähet: „Gute Nacht!",
da wird die Lampe ausgemacht ...

T Volkslied aus Bayern
M Volksweise aus Schlesien

57. Es dunkelt schon in der Heide

A D A E A
1. Es dunkelt schon in_ der Hei-de, nach Hau-se laßt uns gehn!
2. Ich hör-te die Si-chel rauschen, sie rauschte durch das Korn.
3. Hast du dein Liebver-lo-ren, so hab ich doch das mein.
A fis H Cis D E 1. A 2. A
Wir haben das Korn ge-schnitten mit un-serm blanken Schwert. Schwert.
Ich hört mein Feinslieb kla-gen, sie hätt ihr Liebver-lorn. -lorn.
So wollen wir beide mit-nander uns winden ein Kränze-lein. -lein.

4. Ein Kränzelein von Rosen,
ein Sträußelein von Klee.
|: Zu Frankfurt auf der Brücke,
da liegt ein tiefer Schnee. :|

5. Der Schnee, der ist geschmolzen,
das Wasser läuft dahin.
|: Kommst mir aus meinen Augen,
kommst mir aus meinem Sinn. :|

6. In meines Vaters Garten,
da stehn zwei Bäumelein;
|: das eine, das trägt Muskaten,
das andere Braunnägelein. :|

7. Muskaten, die sind süße,
Braunnägelein, die sind schön;
|: wir beide müssen uns scheiden,
ja scheiden, das tut weh. :|

T Volkslied aus Westfalen
M Volksweise aus Ostpreußen

58. Es, es, es und es

G D G C G G D G
1. Es, es, es und es, es ist ein har-ter Schluß,
2. Er, er, er und er, Herr Mei-ster, leb er wohl,
3. Sie, sie, sie und sie, Frau Meist-rin, leb sie wohl,
G D G C G G D G
weil, weil, weil und weil, weil ich aus Frankfurt muß! Drum
er, er, er und er, Herr Mei-ster, leb er wohl! Ich_
sie, sie, sie und sie, Frau Meistrin, leb sie wohl! Ich_
G D7 G
schlag ich Frank-furt aus dem Sinn und wen-de mich Gott
sag's ihm grad frei ins Ge-sicht, sei-ne Ar-beit, die ge-
sag's ihr grad frei ins Ge-sicht, ihr Speck und Kraut, das

A D G C D G D7 G
weiß wo-hin.
-fällt mir nicht. 1.-5. Ich will mein Glück pro-bie-ren, mar-schie-ren.
schmeckt mir nicht.

4. |: Ihr, ihr, und ihr,
ihr Jungfern, lebet wohl! :|
Ich wünsche euch zu guter Letzt,
einen andern, der mein Stell ersetzt. Ich will ...

5. |: Ihr, ihr, ihr und ihr,
ihr Brüder, lebet wohl! :|
Hab ich euch was zuleid getan,
so bitt ich um Verzeihung an. Ich will ...

T Volkslied
M Volksweise aus Hessen

59. Es freit' ein wilder Wassermann

E H E
1. Es freit' ein wil - der Was - ser - mann in der
2. Sie hör - te drunten die Glo - cken gehn im
3. Und als sie vor dem To - re stand auf der
fis H7 E H7
Burg wohl ü - ber dem See, des Kö - nigs Toch - ter
tie - fen, tie - fen See, wollt Va - ter und Mut - ter
Burg wohl ü - ber dem See, da neigt sich Laub und
E A a H E
mußt er_ han, die_ schö - ne, jun - ge Li - lo - fee.
wie - der - sehn, die_ schö - ne, jun - ge Li - lo - fee.
grü - nes Gras vor der schö - nen, jun - gen Li - lo - fee.

4. Und als sie aus der Kirche kam
von der Burg wohl über dem See,
da stand der wilde Wassermann
vor der schönen, jungen Lilofee.

5. Sprich, willst du hinunter gehn mit mir
von der Burg wohl über dem See,
deine Kindlein unten weinen nach dir,
du schöne, junge Lilofee.

6. Und eh' ich die Kindlein weinen laß
im tiefen, tiefen See,
scheid ich von Laub und grünem Gras,
ich arme, junge Lilofee.

T Volkslied
M Volksweise aus Nordböhmen

60. Es geht ein Rundgesang

Es geht ein Rund-ge-sang an un-serm Tisch her-
-um, vi-di-bum, es geht ein Rund-ge-sang an unserm Tisch herum.
Fine
Drei-mal drei ist neu-ne, ihr wißt ja, wie ich's mei-ne,
dreimal drei und eins ist zehn, wir wol-len jetzt spa-zie-ren-gehn.
D.C. al Fine

T u M Studentenlied

61. Es hatt' ein Bauer ein schönes Weib

1. Es hatt' ein Bau-er ein schö-nes Weib, die blieb so ger-ne zu
2. Es dacht der Bau-er, was fällt ihr ein, sie hat mir was auf dem
3. Da kommt ge-schli-chen ein Rei-ters-knecht zum jun-gen Weiberl her-
Haus, sie bat oft ih-ren lie-ben Mann, er
Rohr! Wart, wart ich schir-re die Rap-pen zum Schein und
-ein, und sie um-fängt gar freund-lich ihn, gab
sollt' doch fah-ren hin-aus! Er soll-te doch fah-ren ins Heu, er
stell mich hin-ter das Tor. Will sa-gen, ich fah-re ins Heu, will
stracks ih-ren Wil-len dar-ein. „Mein Mann ist ge-fah-ren ins Heu, mein

C7
F
B
soll - te doch fah - ren ins
sa - gen, ich fah - re ins
Mann ist ge - fah - ren ins
1.-7. ha ha ha ha ha ha Heu, juch-hei, ins
F
C7
F
Heu, juch-hei, er soll - te doch fah - ren ins ha ha ha ha ha ha
B
F
C7
F
Heu, juch-hei, ins Heu, juch-hei, er soll-te doch fah-ren ins Heu!"

4. Er faßte sie um ihr Gürtelband
und schwang sie wohl hin und her.
Der Mann, der hinter dem Haustor stand,
ganz zornig trat er herfür:
„Ich bin nicht gefahren ins Heu . . ."

5. „Ach trauter, herzallerliebster Mann,
vergib mir diesen Fehl!
Ich will ja herzen und lieben dich,
will kochen dir Mus und Mehl.
Ich dachte, du wärest ins Heu . . ."

6. „Und wenn ich gleich gefahren wär
ins Heu und Haberstroh,
so sollst du nun und nimmermehr
einen andern lieben also,
da fahre der Teufel ins Heu . . ."

7. Und der euch dieses Liedlein sang,
der wird es singen noch oft,
er ist der junge Reitersknecht,
er lieget im Heu und im Hof.
Er fährt auch manchmal ins Heu . . .

T u M Volkslied

62. Es klappert die Mühle am rauschenden Bach

M „Es ritten drei Reiter" ohne die zwei Takte zwischen ☒ und ⊕ des folgenden Liedes

1. Es klappert die Mühle am rauschenden Bach, klipp klapp!
Bei Tag und bei Nacht ist der Müller stets wach, klipp, klapp!
Er mahlet uns Korn zu dem kräftigen Brot,
und haben wir solches, so hat's keine Not,
klipp klapp, klipp klapp, klipp klapp!

2. Flink laufen die Räder und drehen den Stein, klipp klapp!
und mahlen den Weizen zu Mehl uns so fein, klipp klapp!
Der Bäcker dann Zwieback und Kuchen draus bäckt,
der immer den Kindern besonders gut schmeckt,
klipp klapp, klipp klapp, klipp klapp!

3. Wenn reichliche Körner das Ackerfeld trägt, klipp klapp!
die Mühle dann flink ihre Räder bewegt, klipp, klapp!
Und schenkt uns der Himmel nur immerdar Brot,
so sind wir geborgen und leiden nicht Not,
klipp klapp, klipp klapp, klipp klapp!

63. Es ritten drei Reiter

1. Es rit - ten drei Rei - ter zum To - re hin-aus, a -
2. Und der uns schei-det, das ist___ der Tod, a -
3. Er schei-det das Kind - lein in___ der Wieg'n, a -
- de!___ Feins-lieb - chen, das schau-te zum Fen-ster her-aus, a -
- de!___ Er schei - det so man - ches Münd - lein rot, a -
- de!___ Wann werd ich mein schwarzbraunes Mä- del doch kriegn? A-
- de!___ Und wenn es denn soll ge - schie - den sein, so
- de!___ Er schei - det so man - chen Mann vom Weib, die
- de!___ Und ist es nicht morgen, ach, wär es doch heut, es
reich mir dein gol- de - nes Rin - ge - lein,
konn - ten sich ma - chen viel Zeit-ver-treib,
macht uns all bei - den gar gro - ße Freud,
1.-3. a - de, a -
- de, a - de! Ja, Schei-den und Mei-den tut weh!

T u M Volkslied

64. Es steht ein Baum im Odenwald

1. Es steht ein Baum im O - den wald, der hat viel grü - ne
2. Da sitzt ein schö - ner Vo - gel drauf, der pfeift gar wun-der -

G G C d G7 C

Äst, da bin ich wohl viel tau-send-mal bei meinem Schatz ge-west.
-schön, ich und mein Schätzlein horchen drauf, wenn wir sel - ban - der gehn.

3. Der Vogel sitzt in seiner Ruh
wohl auf dem höchsten Zweig;
und schauen wir dem Vogel zu,
so pfeift er alsogleich.

4. Der Vogel sitzt in seinem Nest
wohl auf dem grünen Baum:
Ach Schätzel, bin ich bei dir gwest
oder ist es nur ein Traum?

5. Und als ich wiederkam zu ihr,
verdorret war der Baum;
ein andrer Liebster stand bei ihr:
jawohl, es war ein Traum!

6. Der Baum, der steht im Odenwald,
und ich bin in der Schweiz,
da liegt der Schnee so kalt, so kalt;
mein Herz es mir zerreißt.

T Volkslied
M Johann Friedrich Reichardt „Nicht lobenswürdig ist der Mann"

65. Es steht eine Mühle im Schwarzwäldertal

6/8 G C G

1. Es steht ei - ne Müh-le im Schwarz-wäl-der - tal, die
2. Und in die - ser Müh-le im Schwarz-wäl-der - tal, da
3. Wir reich-ten zum Ab-schied noch ein - mal die Hand, und

a D7 G D 2/4

klap-pert so leis vor sich hin.__ Und wo ich geh und
woh-net ein Mä-del so schön. Und wo ich geh und
wünschten ein-an-der viel Glück. Und wo ich geh und

D G D 6/8 G C

steh, im Tal und auf der Höh, da liegt mir die Mühle, die
steh, im Tal und auf der Höh, da liegt mir das Mä-del, das
steh, im Tal und auf der Höh, da liegt mir der Abschied, der

G a D G

Müh - le im Sinn, die Müh-le vom Schwarzwäl-der - tal.__
Mä - del im Sinn, das Mä-del vom Schwarzwäl-der - tal.__
Abschied im Sinn, der Abschied vom Schwarzwäl-der - tal.__

T u M Volkslied

66. Es steht ein Wirtshaus an der Lahn

D A D
1. Es steht ein Wirts-haus an der Lahn, da hal-ten
2. Frau Wir-tin hat auch ei-nen Knecht, und was er
3. Frau Wir-tin hat auch ei-ne Magd, die sitzt im
A E E A D G
al-le Fuhr-leut an. Frau Wir-tin sitzt am O-fen, die
tut, das ist ihr recht, er tut sie ka-res-sie-ren. Des
Gar-ten und rupft Sa-lat, sie kann es kaum er-war-ten, bis
G D e D A A7 D
Fuhrleut um den Tisch her-um, die Gä-ste sind be-sof-fen.
Mor-gens, wenn er früh auf-steht, kann er kein Glied mehr rüh-ren.
daß das Glöcklein zwöl-fe schlägt, da kommen die Sol-da-ten.

4. Und als das Glöcklein zwölfe schlug,
da hatte sie noch nicht genug;
|: da fing sie an zu weinen
mit Ei, ei, ei und Ach, ach ach:
Nun hab ich wieder keinen! :| *(ergänze: Salat)*

T Volkslied
M Volksweise aus Hessen und Westfalen

67. Es war ein König in Thule

c g As Es f f G
1. Es war ein Kö-nig in Thu-le, gar treu bis an das Grab, dem
2. Es ging ihm nichts dar-ü-ber, er leert ihn je-den Schmaus, die
c D Es f c f G C
ster-bend sei-ne Buh-le ei-nen goldnen Be-cher gab.
Au-gen gingen ihm ü-ber, so oft er trank dar-aus.

3. Und als er kam zu sterben,
zählt er seine Städt im Reich,
gönnt alles seinen Erben,
den Becher nicht zugleich.

4. Er saß beim Königsmahle,
die Ritter um ihn her,
auf hohem Vätersaale
dort auf dem Schloß am Meer.

5. Dort stand der alte Zecher,
trank letzte Lebensglut
und warf den heilgen Becher
hinunter in die Flut.

6. Er sah ihn stürzen, trinken
und sinken tief ins Meer.
Die Augen täten ihm sinken,
trank nie einen Tropfen mehr.

T Johann Wolfgang von Goethe
M Carl Friedrich Zelter

68. Es war ein Sonntag, hell und klar

1. Es war ein Sonn-tag, hell und klar, ein sel - ten schö - ner
2. Wir gin-gen schweigend Arm im Arm, das Herz so voll, das
3. Auf stil - ler brau - ner Hei - de dort, da fand mein Herz das
Tag im Jahr. Wir bei - de gin - gen durch das Korn, durch
Herz so warm. Die blau - en Au - gen dein o Maid, er -
rech - te Wort, da fand mein Mund zum Kuß den Mut! Leis
Feld und Au, durch Busch und Dorn. Die Ler - che sang, der
-strahl - ten hell in Se - lig - keit. Tief drang ihr Blick ins
frug ich dich: „Bist du mir gut?" Da sahst du mich so
Son - nen-schein lag schimmernd ü - ber Flur und Hain.
Herz mir ein, weit schö - ner als der Son-nen-schein!
ei - gen an: „Das weißt du nicht, du bö - ser Mann?"
1.-3. O
schö - ne Zeit, o sel - ge Zeit, wie liegst du fern, wie liegst du weit! O
schö - ne Zeit, o sel - ge Zeit, wie liegst du fern, wie liegst du weit!

T August Freudenthal
M Karl Götze

69. Es waren zwei Königskinder

F C7 F
1. Es wa - ren zwei Kö - nigs - kin - der, die
2. Ach Lieb - ster, könn - test du schwim - men, so
C7 F C F
hat - ten ein - an - der so lieb, sie konn - ten zu -
schwimm doch her - ü - ber zu mir! Drei Ker - zen
C7 F g F g C
- sam - men nicht kom - men, das Was - ser war viel zu
will ich an - zün - den, die sol - len leuch - ten zu
F g F C C F
tief, das Was - ser war viel zu tief.
dir, die sol - len leuch - ten zu dir.

3. Das hört eine falsche Nonne,
die tat, als wenn sie schlief;
sie tat die Kerzlein auslöschen,
|: der Jüngling ertrank so tief. :|

4. „Ach Fischer, liebster Fischer,
willst du verdienen groß Lohn?
So wirf dein Netz ins Wasser
|: und fisch mir den Königssohn!“ :|

5. Er warf das Netz ins Wasser,
es ging bis auf den Grund;
er fischte und fischte so lange,
|: bis er den Königssohn fand. :|

6. Sie schloß ihn in ihre Arme
und küßt' seinen bleichen Mund:
„Ach Mündlein, könntest du sprechen,
|: so wär mein jung Herze gesund.“ :|

7. Sie schwang um sich ihren Mantel
und sprang wohl in die See:
„Ade, mein Vater und Mutter,
|: ihr seht mich nimmermeh!“ :|

8. Da hörte man Glocken läuten,
da hörte man Jammer und Not:
da lagen zwei Königskinder,
|: die waren beide tot. :|

T Volkslied
M Volksweise aus der Mark Brandenburg

70. Es wollt ein Jägerlein jagen

C G7 C F
1. Es wollt ein Jä - ger-lein ja - gen drei - vier - tel Stund vor
2. Da traf er auf der Hei - de sein Lieb im wei - ßen
3. Sie tä - ten sich um - fan - gen, und Lerch und Am - sel
C G7 C a
Ta - gen wohl in dem grü - nen Wald, ja Wald, wohl
Klei - de, sie war so wun - der - schön, ja schön, sie
san - gen vor lau - ter Lieb und Lust, ja Lust, vor
F d G7 C C
in dem grü - nen Wald.
war so wun - der - schön.
lau - ter Lieb und Lust.
1.-5. Hal - li, hal - lo, hal -
C C H A C G G7 C
- li, hal - lo, wohl in dem grü - nen Wald.

4. Sie tät dem Jäger sagen:
„Ich möcht ein Kränzlein tragen
auf meinem blonden Haar, ja Haar,
auf meinem blonden Haar."
Halli ...

5. „Will zum Altar dich führen,
dich soll ein Kränzlein zieren
und dann ein Häubchen fein, ja fein,
und dann ein Häubchen fein."
Halli ...

T Volkslied
M Volksweise aus der Gegend von Halle

71. Es wollt ein Schneider wandern

G
D⁷
1. Es wollt ein Schnei - der wan - dern am Montag in der
2. So - bald der Schneider in d'Höllnein kam, nahm er sein El - len-
3. Nach-dem er all ge - mes-sen hat, nahm er sein lan - ge
G
D⁷
Fruh, be - geg - net ihm der Teu - fel, hatt we-der Strümpf noch
- stab und schlug den Teu-feln die Bu-ckel voll, die Höll wohl auf_ und
Scher und stutzt' den Teu - feln d'Schwänzeln ab, sie hupf - ten hin_ und
G
D
Fis E D
D
Fis E D
Schuh. „He, he, du Schneider - g'sell, du mußt mit mir in d'Höll, du
ab. „He, he, du Schneider - g'sell, mußt wie - der aus der Höll! Wir
her: „He, he, du Schneider - g'sell, pack dich nur aus der Höll! Wir
G
D⁷
G
mußt die Teu - fel klei - den, es ge - he, wie es wöll!"
brau - chen nicht das Mes - sen, es ge - he, wie es wöll!"
brau - chen nicht das Stut - zen, es ge - he, wie es wöll!"

4. Da zog er's Bügeleisen raus
und wärmt's im Höllenfeur,
er strich den Teufeln die Falten aus;
sie schrieen ungeheur:
„He, he, du Schneidergsell,
geh du nur aus der Höll!
Wir brauchen nicht das Bügeln,
es geh halt, wie es wöll!"

5. Drauf nahm er Nadel und Fingerhut
und fing zu stechen an,
er näht' den Teufeln die Nasen zu,
so eng er immer kann.
(genäselt:) „He, he, du Schneidergsell,
geh wieder aus der Höll!
Wir können nimmer schnaufen,
es geh nun, wie es wöll!"

6. Nach diesem kam der Luzifer
und sagt': „Es ist ein Graus!
Kein Teufel hat kein Wedel mehr;
jagt ihn zur Höll hinaus!"
„He, he, du Schneidergsell,
pack dich nur aus der Höll!
Wir brauchen keine Kleider,
es geh halt, wie es wöll!"

7. Nachdem er nun hat aufgepackt,
da war ihm erst recht wohl,
er hüpft und springet unverzagt,
lacht sich den Buckel voll,
ging eilends aus der Höll
und blieb ein Schneidergsell.
Drum holt der Teufel kein' Schneid
er stehl, soviel er wöll.

T Volkslied aus Salzburg
M Volksweise aus Schwaben

72. Es wollte sich einschleichen

1. Es woll - te sich ein - schlei - chen ein küh - les
2. Ich hört ein Vög - lein pfei - fen, das pfeift die
3. In mei - nes Va - ters Gar - ten, da stehn zwei
Lüf - te - lein. Bleib du bei dei - nes - glei - chen, du sollst mein
gan - ze Nacht, vom A - bend bis zum Mor - gen, bis daß der
Bäu - me - lein; das ei - ne trägt Mus - ka - ten, das an - dre
1. Ver - las - sen tu ich dich
2. Schließ du dein Herz in das
3. Schließ du mein Herz in das
ei - gen sein. tu ich dich
Tag er - wacht. Herz in das
Nä - ge - lein. Herz in das
nicht, wenn-gleich das Her - ze mir bricht.
mein, schließ eins ins an - dre hin - ein:
dein, schließ eins ins an - dre hin - ein:
nicht, Her - ze mir bricht. Treu und be -
mein, an - dre hin - ein: dar - aus soll
dein, an - dre hin - ein: dar - aus soll
- stän - dig sollst du sein, du sollst mein ei - gen sein.
wach - sen ein Blüm - lein, das heißt Ver - giß - nicht - mein.
wach - sen ein Blüm - lein, das heißt Ver - giß - nicht - mein.

T u M Volkslied aus Hessen

73. Es zogen drei Bursche wohl über den Rhein

C F C
1. Es zo - gen drei Bur - sche wohl ü - ber den Rhein, bei
2. „Frau Wir - tin, hat sie gut Bier und Wein? wo
3. „Mein Bier und Wein ist frisch und klar, mein
G7 C
ei - ner Frau Wir - tin, da kehr - ten sie ein, bei
hat sie ihr schö - nes Töch - ter - lein, wo
Töch - ter - lein liegt auf der To - ten - bahr, mein
C C G7 C
ei - ner Frau Wir - tin, da kehr - ten sie ein.
hat sie ihr schö - nes Töch - ter - lein?"
Töch - ter - lein liegt auf der To - ten - bahr!"

4. Und als sie traten zur Kammer hinein,
|: da lag sie in einem schwarzen Schrein. :|

5. Der erste, der schlug den Schleier zurück
|: und schaute sie an mit traurigem Blick. :|

6. „Ach lebtest du noch, du schöne Maid,
|: ich würde dich lieben von dieser Zeit!" :|

7. Der zweite deckte den Schleier zu
|: und kehrte sich ab und weinte dazu. :|

8. „Ach, daß du liegst auf der Totenbahr!
|: ich hab dich geliebet so manches Jahr!" :|

9. Der dritte hob ihn wieder auf sogleich
|: und küßte sie an den Mund so bleich: :|

10. „Dich liebt ich immer, dich lieb ich noch heut
|: und werde dich lieben in Ewigkeit!" :|

T Ludwig Uhland
M Volksweise „Wenn ich kein Geld hab"

74. Fein sein, beinander bleibn

F C7 F C
1. Fein sein, bei - nan - der blei - bn, fein sein, bei - nan - der blei-
2. Gscheit sein, nit ei - ni - tap - pn, gscheit sein, nit ei - ni - tap-

F B g C F
-bn, mag's regn o - der win - dn, o - der a - ber-schnei - bn.
-pn, es steht oft der Fuchs in der Zi - pfl - kap - pn.

F C7 F C7 F
Fein sein, bei - nan - der blei - bn, fein sein, bei - nan - der blei - bn!
Gscheit sein, nit ei - ni - tap - pn, gscheit sein, nit ei - ni - tap - pn!

3. |: Frisch sein, nit ummamockn, :|
und geht aa dei Häusl
und die Liab in Brockn.
|: Frisch sein, nit ummamockn! :|

4. |: Treu sein, nit außigrasn, :|
denn d' Liab is so zart
wia-r-a Soafnblasn.
|: Treu sein, nit außigrasn! :|

T u M Volkslied aus Tirol

75. Feinsliebchen, du sollst mir nicht barfuß gehn

a C
1. Feins - lieb-chen, du sollst mir nicht bar - fuß gehn, du zer -
2. Wie soll - te ich denn nicht_ bar - fuß gehn, hab_
3. Feins - lieb-chen, willst du mein_ ei - gen sein, so_

a F C G G7 C G
-trittst dir die zar - ten Füß - lein schön, tra - la - la - la,
kei - ne Schuh ja an - zu - ziehn, tra - la - la - la,
kau - fe ich dir ein Paar Schüh - lein fein, tra - la - la - la,

a d a G D d a E a
tra - la - la - la, du zer - trittst dir die zar - ten Füß - lein schön.
tra - la - la - la, hab_ kei - ne Schuh ja an - zu - ziehn.
tra - la - la - la, so_ kau - fe ich dir ein Paar Schühlein fein.

4. Wie könnte ich euer eigen sein,
ich bin ein armes Mägdelein,
tralalala . . .

5. Und bist du auch arm, so nehm ich dich doch,
du hast ja die Ehr und die Treue noch,
tralalala . . .

6. Die Ehr und die Treue mir keiner nahm,
ich bin, wie ich von der Mutter kam,
tralalala . . .

7. Was zog er aus der Tasche fein?
Von lauter Gold ein Ringelein,
tralalala . . .

T A. Wilh. v. Zuccalmaglio nach einem Volkslied aus Nordmähren
M Volksweise aus Westfalen „Es wollt ein wacker Mädchen"

76. Freude, schöner Götterfunken

1. Freude, schöner Göt-ter - funken, Tochter aus E - ly - si -
2. Wem der gro-ße Wurf ge - lungen, ei - nes Freundes Freund zu
3. Freude heißt die star-ke Fe-der in der e - wi-gen Na-
-um, wir be - tre-ten feu-er - trunken, Himm-li - sche, dein Hei-lig-
sein, wer ein hol-des Weib er - run-gen, mi - sche sei - nen Ju-bel
-tur; Freu-de, Freu-de treibt die Rä-der in der gro - ßen Welten-
-tum! Dei-ne Zau-ber bin-den wie-der, was die Mo-de streng ge-
ein! Ja, wer auch nur ei - ne See - le sein nennt auf dem Er-den-
-uhr. Blumen lockt sie aus den Keimen, Son-nen aus dem Fir-ma-
-teilt, al - le Menschen wer-den Brüder, wo dein sanf-ter Flü-gel
rund! Und wer's nie ge-konnt, der steh-le wei-nend sich aus die-sem
-ment, Sphären rollt sie in den Räumen, die des Se-hers Rohr nicht
weilt. Seid um-schlungen, Mil - li - o - nen! seid um-schlungen, Mil - li -
Bund! Was den gro - ßen Ring be - wohnet, was den gro - ßen Ring be-
kennt. Froh, wie sei - ne Son-nen fliegen, froh, wie sei - ne Son-nen
- o - nen! Die-sen Kuß der gan-zen Welt! Brü-der, ü-berm Sternenzelt
-wohnet, hul - di - ge der Sym-pa - thie! Zu den Sternen lei-tet sie,
fliegen durch des Himmels prächt'gen Plan, lau-fet, Brüder, eu-re Bahn,
muß ein lie-ber Va - ter wohnen, muß ein lie-ber Va - ter wohnen!
wo der Un-be-kann-te thronet, wo der Un-be-kann-te thronet.
freudig, wie ein Held zum Sie-gen, freudig, wie ein Held zum Sie-gen!

Festen Mut in schweren Leiden,
Hilfe, wo die Unschuld weint;
Ewigkeit geschwornen Eiden,
Wahrheit gegen Freund und Feind;
Männerstolz vor Königsthronen
— Brüder, gält es Gut und Blut —
dem Verdienste seine Kronen,
Untergang der Lügenbrut!

|: Schließt den heilgen Zirkel dichter, :|
schwört bei diesem goldnen Wein,
dem Gelübde treu zu sein,
|: schwört es bei dem Sternenrichter. :|

T Friedrich von Schiller
M Volksweise

77. Freut euch des Lebens

D G A D A
1.-7. Freut euch des Le - bens, weil noch das Lämpchen glüht,
D D A A7 D A7
pflü-cket die Ro - se, eh sie ver - blüht.
Fine
1. Man schafft so gern sich
2. Wenn scheu die Schöpfung
3. Wer Neid und Mißgunst
D A7 D
Sorg und Müh, sucht Dor - nen auf und fin - det sie, und
sich ver-hüllt, und laut der Don-ner ob uns brüllt, so
sorg - sam flieht und Gnüg - sam - keit im Gärt-chen zieht, dem
G D D D A A
läßt das Veil-chen un - be-merkt, das uns am We-ge blüht.
lacht am A - bend nach dem Sturm die Son-ne uns so schön.
schießt sie schnell zum Bäumchen auf, das gold-ne Früchte trägt.
D.C. al Fine

Wer Redlichkeit und Treue übt
und gern dem ärmeren Bruder gibt,
bei dem baut sich Zufriedenheit
so gern ihr Hüttchen an.
Freut euch des Lebens . . .

Und wenn der Pfad sich furchtbar engt,
und Mißgeschick uns plagt und drängt,
so reicht die Freundschaft schwesterlich
dem Redlichen die Hand.
Freut euch des Lebens . . .

6. Sie trocknet ihm die Tränen ab
und streut ihm Blumen bis ins Grab;
sie wandelt Nacht in Dämmerung
und Dämmerung in Licht.
Freut euch des Lebens . . .

7. Sie ist des Lebens schönstes Band:
Schlagt, Brüder, traulich Hand in Hand!
So wallt man froh, so wallt man leicht
ins bessre Vaterland.
Freut euch des Lebens . . .

T Martin Usteri
M Hans Georg Nägeli

78. Gaudeamus igitur

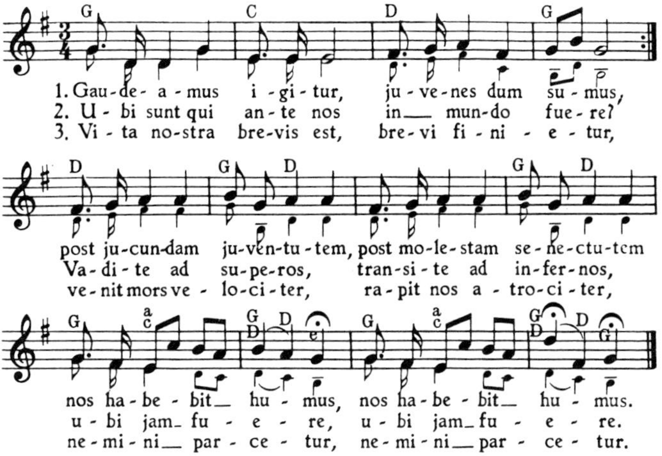
1. Gau-de-a-mus i-gi-tur, ju-ve-nes dum su-mus,
2. U-bi sunt qui an-te nos in_ mun-do fue-re?
3. Vi-ta no-stra bre-vis est, bre-vi fi-ni-e-tur,
post ju-cun-dam ju-ven-tu-tem, post mo-le-stam se-ne-ctu-tem
Va-di-te ad su-pe-ros, tran-si-te ad in-fer-nos,
ve-nit mors ve-lo-ci-ter, ra-pit nos a-tro-ci-ter,
nos ha-be-bit_ hu-mus, nos ha-be-bit_ hu-mus.
u-bi jam_ fu-e-re, u-bi jam_ fu-e-re.
ne-mi-ni_ par-ce-tur, ne-mi-ni_ par-ce-tur.

4. |: Vivat academia,
vivant professores, :|
vivat membrum quodlibet,
vivant membra quaelibet,
|: semper sint in flore! :|

5. |: Vivant omnes virgines
faciles, formosae, :|
vivant et mulieres,
tenerae, amabiles,
|: bonae, laboriosae! :|

6. |: Vivat et respublica
et qui illam regit, :|
vivat nostra civitas,
maecenatum caritas,
|: quae nos hic protegit! :|

7. |: Pereat tristitia,
pereant osores, :|
pereat diabolus,
quivis antiburschius,
|: atque irrisores! :|

T u M Studentenlied

79. Glück auf, Glück auf!

1. Glück auf, Glück auf! Der Stei-ger kommt, und er
2. Schon an-ge-zündt, es gibt sein' Schein, und_
hat sein hel-les_ Licht bei der Nacht, und er hat sein hel-les_
da-mit fah-ren_ wir bei der Nacht, und_ da-mit fah-ren_

Licht bei der Nacht schon an - ge - zündt, schon an - ge - zündt.
wir bei der Nacht ins Bergwerk ein, ___ ins Bergwerk ein.

3. Ins Bergwerk ein,
wo Bergleut sein.
|: Wir hau'n das Silber fein,
bei der Nacht :|
|: aus Felsenstein. :|

4. Aus Felsenstein
hau'n wir das Gold.
|: Dem schwarzbraun' Mägdelein,
bei der Nacht, :|
|: dem sein wir hold. :|

T Volkslied aus dem Erzgebirge
M Volksweise aus dem Bergischen

80. Gold und Silber

1. Gold und Sil - ber lieb ich sehr, kann's auch wohl ge - brau - chen,
2. Doch viel schö - ner ist das Gold, das vom Lo - cken - köpf - chen
3. Seht, wie blinkt der gold - ne Wein hier in mei - nem Be - cher,
hätt ich doch ein gan - zes Meer, mich dar - ein zu tau - chen!
mei - nes Liebchens nie - der - rollt in zwei blon - den Zöpf - chen.
horcht, wie klingt so sil - ber - rein fro - her Sang der Ze - cher!
Braucht ja nicht ge - prägt zu sein, hab's auch so ganz ger - ne,
Dar - um komm, mein lie - bes Kind, laß uns her - zen küs - sen,
Daß die Zeit einst gol - den war, wer wollt das be - strei - ten,
sei's des Mon - des Sil - ber - schein, sei's das Gold der Ster - ne,
eh die Lo - cken sil - bern sind, und wir schei - den müs - sen,
denkt man doch im Sil - ber - haar gern ver - gang - ner Zei - ten,
sei's des Mon - des Sil - ber - schein, sei's das Gold der Ster - ne.
eh die Lo - cken sil - bern sind, und wir schei - den müs - sen.
denkt man doch im Sil - ber - haar gern ver - gang - ner Zei - ten.

T Nach August Schnezler
M Nach Friedr. Hieronymus Truhn

81. Grad aus dem Wirtshaus

1. Grad aus_ dem_ Wirts-haus nun komm ich her - aus:_
rech - ter_ Hand, lin - ker Hand, bei - des ver - tauscht:
2. Was für_ ein_ schief Ge - sicht, Mond, machst denn du?_
Du wirst be - trun - ken sein, das seh ich hell:_

Stra-ße,_ wie wunder-lich siehst du mir aus,_
Stra-ße,_ ich_ merk es wohl, du bist be-rauscht!
Ein Au - ge_ hat er auf, eins hat er zu!_
schä - me_ dich, schä - me dich, al - ter Ge-sell!

3. Und die Laternen erst, was muß ich sehn!
Die können alle nicht grade mehr stehn;
wackeln und fackeln die Kreuz und die Quer:
scheinen betrunken mir allesamt schwer.

4. Alles im Sturme rings, großes und klein;
wag ich darunter mich, nüchtern allein?
Das scheint bedenklich mir, ein Wagestück!
Da geh ich lieber ins Wirtshaus zurück.

T Heinrich von Mühler
M Nach dem spanischen Tanz Cachucha

82. Grüß Gott, du schöner Maien

1. Grüß Gott, du schö - ner Mai - en, da bist du wie - drum
2. Die kal - ten Wind ver - stum - men, der Him - mel ist gar

hier, tust jung und alt er - freu - en mit dei - ner Blu - men
blau, die lie - ben Bien - lein sum - men da - her auf grü - ner

G G C D G C
Zier. Die lie - ben Vög - lein al - le, sie sin - gen all so
Au. O hol - de Lust im Mai - en, da al - les neu er -
D G D G D G D e a G D D G
hell, Frau Nach - ti - gall mit Schal - le hat die für - nehm - ste Stell.
- blüht, du kannst mir sehr er - freu - en mein Herz und mein Ge - müt.

T Volkslied
M Volksweise aus der Schweiz

83. Guten Abend, gut Nacht

D A7
1. Gu - ten A - bend, gut Nacht, mit Ro - sen be - dacht, mit
2. Gu - ten A - bend, gut Nacht, von Eng - lein be - wacht, die
A7 D
Näg - lein be - steckt, schlupf un - ter die Deck: Mor - gen
zei - gen im Traum dir Christkindleins Baum. Schlaf nun
G D A7 D
früh, wenn Gott will, wirst du wie - der ge - weckt, mor - gen
se - lig und süß, schau im Traum 's Pa - ra - dies, schlaf nun
G D A D
früh, wenn Gott will, wirst du wie - der ge - weckt.
se - lig und süß, schau im Traum 's Pa - ra - dies.

T Volkslied
M Johannes Brahms, op. 49 Nr. 4

84. Guter Mond, du gehst so stille

D A D A7
1. Gu-ter Mond, du gehst so stil-le in den A-bend-wol-ken
2. Gu-ter Mond, dir darf ich's sa-gen, was mein ban-ges Her-ze
3. Dort in je-nem klei-nen Ta-le, wo die dun-keln Bäu-me
D A7 D A7
hin, bist so ru-hig, und ich füh-le, daß ich oh-ne Ru-he_
kränkt, und an wen mit bit-tern Klagen die be-trüb-te See-le_
stehn, nah bei je-nem Wasser-fal-le wirst du ei-ne Hütte_
D A7 D G D G Gis
bin. Trau-rig fol-gen mei-ne Bli-cke dei-ner stil-len, hei-tern
denkt! Gu-ter Mond, du sollst es wis-sen, weil du so ver-schwiegen
sehn. Geh durch Wälder, Bäch' und Wiesen, bli-cke sanft durch's Fen-ster
A A D A7 D A7 D
Bahn: O, wie hart ist das Ge-schicke, daß ich dir nicht fol-gen kann!
bist, war-um mei-ne Trä-nen fließen und mein Herz so traurig ist.
hin, so er-blickest du E-li-sen, al-ler Mädchen Kö-ni-gin.

4. Nicht in Gold und nicht in Seide
wirst du dieses Mädchen sehn,
nur in schlichtem, nettem Kleide
pflegt mein Mädchen stets zu gehn.
Nicht vom Adel, nicht vom Stande,
was man sonst so hoch verehrt,
nicht vom eitlen Mode-Tande
hat mein Mädchen seinen Wert.

5. Nur ihr reizend gutes Herze
macht sie liebenswert bei mir,
stolz im Ernste, froh im Scherze,
jeder Zug ist gut an ihr.
Ausdrucksvoll sind die Gebärden,
froh und heiter ist ihr Blick;
kurz, von ihr geliebt zu werden,
halt ich für das größte Glück.

6. Mond, du Freund der reinen Triebe,
schleich dich in ihr Kämmerlein!
Sage ihr, daß ich sie liebe,
und daß sie nur ganz allein
mein Vergnügen, meine Freude,
meine Lust, mein alles ist,
daß ich gerne mit ihr leide,
wenn ihr Aug in Tränen fließt.

7. Daß ich aber schon gebunden,
und nur leider zu geschwind
meine süßen Freiheitsstunden
schon für mich entschwunden sind;
und daß ich nicht ohne Sünde
lieben könne in der Welt.
Lauf und sag's dem guten Kinde,
ob ihr diese Lieb gefällt?

T u M Volkslied

85. Gut'n Abend euch allen

1. Gut'n A - bend, gut'n A - bend euch al - len hier bei -
2. Was war das, was war das, was du uns jetzt ge -
3. Ei Stef - fen, ei Stef - fen, die Pol - ka kann ich
- samm! Gut'n A - bend, gut'n A - bend euch al - len hier bei -
- spielt, was war das, was war das, was du uns jetzt ge -
nicht, ei Stef - fen, ei Stef - fen, die Pol - ka kann ich
- samm! Ihr Män - ner und Frau - en, ihr Bur - schen und Mäd - chen, hei,
- spielt? Wie kann man bei Lär - men und To - ben und Schreien den
nicht! Da sitz ich viel lie - ber und tu mir ver - tel - len mit
lu - stig soll's wer - den, ich spiel euch eins auf!
Wal - zer hier spie - len zum fröh - li - chen Reih n?
mein' lie - ben Schwe - stern'n paar ol - le Ka - mell'n.
1.-3. Streich
zu auf der Fi - del, den Wal - zer spiel uns auf!
Tanz
Tra la la la la la la la la, tra la la la la la la la la,
tra la la la la la la la la la la la la!

T u M Tanzlied aus Jütland

86. Hab mein Wage vollgelade

F
C
1. Hab mein Wa - ge voll-ge - la - de, voll mit al - ten Weib-
2. Hab mein Wa - ge voll-ge - la - de, voll mit Män-nern, al -
3. Hab mein Wa - ge voll-ge - la - de, voll mit jun - gen Mäd -
-sen. Als wir in die Stadt nein-ka-men, hubn sie an zu kei -
-ten. Als wir in die Stadt nein-ka-men, murr-ten sie und schal-
-chen. Als wir zu dem Tor nein-ka-men, san-gen sie durchs Städt-
C7
- fen. Drum lad ich all mein Le - be - ta - ge nie mehr
- ten. Drum lad ich all mein Le - be - ta - ge nie mehr
-chen. Drum lad ich all mein Le - be - ta - ge nur mehr
al - te Weib-sen auf mein Wa - ge.
al - te Män-ner auf mein Wa - ge.
jun - ge Mäd-chen auf mein Wa - ge.
1.-3. Hü, Schim-mel, hü!

T Flämisches Volkslied
M Volksweise aus den Niederlanden

87. Hab oft im Kreise der Lieben

G
D7
1. Hab oft im Krei - se der Lie - ben in
2. Hab ein - sam auch mich ge - här - met in
3. Sollst uns nicht lan - ge kla - gen, was

duf - ti - gem Gra - se ge - ruht und mir ein Lied - lein ge -
ban - gem, dü - ste - rem Mut und ha - be wie - der ge -
al - les dir we - he tut! Nur frisch, nur frisch ge - -
- sun - gen, und al - les war wie - der gut, und
- sun - gen, und al - les war wie - der gut, und
- sun - gen, und al - les wird wie - der gut. Nur
mir ein Lied - lein ge - sun - gen, und al - les war wie - der
ha - be wie - der ge - sun - gen, und al - les war wie - der
frisch, nur frisch ge - sun - gen, und al - les war wie - der
gut, und al - les, al - les, und al - les war wie - der gut.
gut, und al - les, al - les, und al - les war wie - der gut.
gut, und al - les, al - les, und al - les wird wie - der gut.

T Adalbert von Chamisso
M Friedrich Silcher

88. Hänschen klein ging allein

M „Alles neu macht der Mai", siehe Seite 3

1. Hänschen klein ging allein
in die weite Welt hinein.
Stock und Hut steht ihm gut,
ist ganz wohlgemut.
Aber Mutter weinet sehr,
hat ja nun kein Hänschen mehr.
„Wünsch dir Glück", sagt ihr Blick,
„kehr nur bald zurück!"

2. Sieben Jahr, trüb und klar,
Hänschen in der Fremde war.
Da besinnt sich das Kind,
eilet heim geschwind.
Doch nun ist's kein Hänschen mehr,
nein, ein großer Hans ist er,
braun gebrannt Stirn und Hand.
Wird er wohl erkannt?

3. Eins, zwei, drei gehn vorbei,
wissen nicht, wer das wohl sei.
Schwester spricht: „Welch Gesicht!",
kennt den Bruder nicht.
Doch da kommt sein Mütterlein,
schaut ihm kaum ins Aug' hinein,
spricht sie schon:
„Hans, mein Sohn!
Grüß dich Gott, mein Sohn!"

89. Heißa Kathreinerle

D A7 D
1. Hei-ßa Kath-rei-ner-le, schnür dir die Schuh, schürz dir dein
2. Dreh wie ein Rä-de-le flink dich im Tanz! Flie-gen die
3. Heu-te heißt's lu-stig sein, mor-gen ist's aus! Sin-ket der
D A7 D 1.-3. Didel, dudel, dadel, schrum, schrum, schrum,
A E D
Rö-cke-le, gönn dir kei Ruh.
Zöp-fe-le, wir-belt der Kranz.
Lichter Schein, gehn wir nach Haus.
Di - del, schrum, schrum, schrum,
A E D A7 D
1. geht schon der Hop-ser um. Hei-ßa Kath-rei-ner-le, frisch immer-zu!
2. lu-stig im Kreis her-um dreh dich, mein Mä-del, im fest-li-chen Glanz!
3. mor-gen mit viel Gebrumm fegt die Frau Wir-tin den Tanz-bo-den aus.

T Neuere Zudichtung
M Alte deutsche Pfeiferweise aus dem Elsaß

90. Hier hab ich so manches liebe Mal

An der Weser

F B F d G7
Hier hab ich so manches lie-be Mal mit mei-ner Lau-te ge-
F C C B A G F A F B F
-ses-sen, hin-un-ter-blickend ins wei-te Tal, mein selbst und der Welt ver-
C7 F A d
-ges-sen. Und um mich klang es so froh und hehr, und
C F d
ü-ber mir tagt es so hel - le: und un-ten brau-ste das

fer - ne Wehr und der We - ser blit-zen-de Wel - le.
Wie lie-ben-der Sang aus ge - lieb- tem Mund, so flü-stert es
ringsdurch die Bäu - me, und aus des Ta - les off-nem Grund be-
-grüß-ten mich nicken-de Träu-me. Und
Da sitz ich aufs neu-e und
spä - he um-her und lau-sche hin-auf und her - nie - der. Die
hol-den Wei-sen rau-schen nicht mehr, die Träu-me keh-ren nicht wie-der.
Die sü-ßen Bil-der, wie weit, wie weit! wie schwer der Himmel, wie trü-be! Fahr
wohl, fahr wohl, du se - li-ge Zeit! Fahrt wohl, ihr Träu-me der Lie - be!
se - li-ge Zeit! Fahrt wohl, ihr Träu-me der Lie - be!

T Franz Dingelstedt
M Gustav Pressel

91. Hier sind wir versammelt

G C G
1. Hier sind wir ver-sam-melt zu löb - li - chem Tun, drum
2. Mich ruft das Ge-schick von den Freunden hin-weg, ihr
3. Was sol - len wir sa - gen zum heu - ti - gen Tag? Ich
D e D A A7 D G
Brü - der-chen: Er - go bi - ba - mus! Die Glä - ser, sie klin-gen, Ge-
Red - li - chen: Er - go bi - ba - mus! Ich schei - de von hin - nen mit
däch - te nur: Er - go bi - ba - mus! Er ist nun ein-mal von be-
C G D e D A A7 D
-sprä - che, sie ruhn, be - her - zi - get: Er - go bi - ba - mus! Das
leich - tem Ge-päck, drum dop - pel - tes: Er - go bi - ba - mus! Und
- son - de - rem Schlag, drum im - mer aufs neu - e: Bi - ba - mus! Er
D G D
heißt noch ein al - tes, ein tüch - ti - ges Wort: es pas - set zum
was auch der Filz vom — Lei - be sich schmorgt, so bleibt für den
füh - ret die Freun-de durchs of - fe - ne Tor, es glän - zen die
D G G
er - sten und pas - set so fort und schal - let, ein E - cho, vom
Hei - tern doch im - mer ge - sorgt, weil im - mer der Fro - he dem
Wol - ken, es teilt sich der Flor, da leuch - tet ein Bild - chen, ein
D G C
fest - li - chen Ort, ein herr - li - ches Er - go bi -
Fröh - li - chen borgt, drum Brü - der - chen: Er - go bi -
gött - li - ches vor, wir klin - gen und sin - gen: Bi -
G E a G D D7 G
- ba - mus, ein herr - li - ches Er - go bi - ba - mus!
- ba - mus, drum Brü - der - chen: Er - go bi - ba - mus!
- ba - mus, wir klin - gen und sin - gen: Bi - ba - mus!

T Johann Wolfgang von Goethe
M Max Eberwein

92. Hinaus in die Ferne

G
1. Hin - aus in die Fer - ne mit lau - tem Hör - ner -
2. Wir hal - ten zu - sam - men, wie treu - e Brü - der
D A D A7
-klang; die Stim - men er - he - bet zum männ - li - chen Ge -
tun, wenn Tod uns um - to - bet und wenn die Waf - fen
D D G D G
-sang! Der Frei - heit Hauch weht kräf - tig durch die
ruhn. Uns al - le treibt ein rei - ner, frei - er
D G a G D D G
Welt, ein frei - es, fro - hes Le - ben uns wohl ge - fällt.
Sinn, nach ei - nem Zie - le stre - ben wir al - le hin!

T u M Albert Methfessel

93. Hoch soll er leben

F C F
Hoch soll er le - ben, hoch soll er le - ben, drei - mal hoch!
F C F Er le - be
Hoch soll er le - ben, hoch soll er le - ben, drei - mal hoch!
hoch, er le - be hoch,
F F C C7 F
er le - be hoch, er le - be hoch, er le - be drei - mal hoch!

94. Hopsa, Schwabenliesel

Hop-sa, Schwa-ben-lie-sel, dreh dich rum und tanz a bis-sel,
hop-sa, Schwa-ben-lie-sel, dreh dich rum und tanz!
Fine
Hop-sa, Lie-se-gre-tel, dreh dich rum, tanz nach der Fie-del,
hop-sa, Lie-se-gre-tel, lupf den Fuß und tanz!
D.C. al Fine

T u M Tanzlied aus Schwaben

95. Horch, was kommt von draußen rein

1. Horch, was kommt von drau-ßen rein? Hol-la-hi, hol-la-ho!
2. Leu-te ha-ben's oft ge-sagt, hol-la-hi, hol-la-ho!
3. Wenn mein Lieb-chen Hoch-zeit hat, hol-la-hi, hol-la-ho!
Wird wohl mein Feins-lieb-chen sein, hol-la-hi-a-ho!
was ich für ein Lieb-chen hab, hol-la-hi-a-ho!
ist für mich ein Trau-er-tag, hol-la-hi-a-ho!
Geht vor-bei und schaut nicht rein? Hol-la-hi, hol-la-ho!
Laß sie re-den, schweig fein still, hol-la-hi, hol-la-ho!
Geh dann in mein Käm-mer-lein, hol-la-hi, hol-la-ho!

Wird's wohl nicht ge - we-sen sein, hol-la - hi - a - ho!___
kann ja lie - ben, wen ich will, hol-la - hi - a - ho!___
trag den Schmerz für mich al - lein, hol-la - hi - a - ho!___

4. Wenn ich mal gestorben bin, . . .
trägt man mich zum Friedhof hin, . . .
Setzt mir einen Leichenstein, . . .
Rosen und Vergißnichtmein, . . .

T Volkslied aus dem Vogtland
M Volksweise aus Halle

96. Ich bin der Doktor Eisenbart

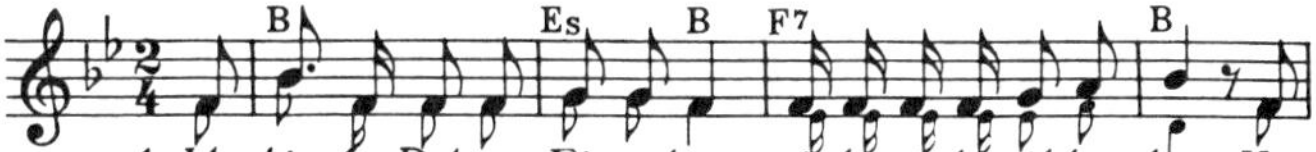

1. Ich bin der Doktor Ei-senbart, wi-de-wi-de-wid bum bum. Ku-
2. Zu Potsdam tre-pa-nier-te ich, wi-de-wi-de-wid bum bum, den
3. Zu Ulm ku-riert ich ei-nen Mann, wi-de-wi-de-wid bum bum, daß

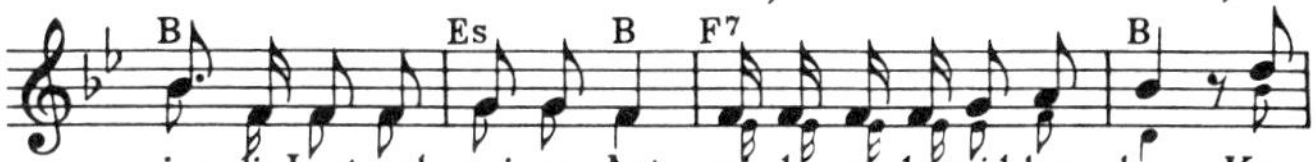

-rier die Leut nach mei-ner Art, wi-de-wi-de-wid bum bum. Kann
Koch des Gro-ßen Frie-de-rich, wi-de-wi-de-wid bum bum. Ich
ihm das Blut vom Bei-ne rann, wi-de-wi-de-wid bum bum. Er

1.-7. wi-de-wi-de-wid juch-hei-ras-sa,

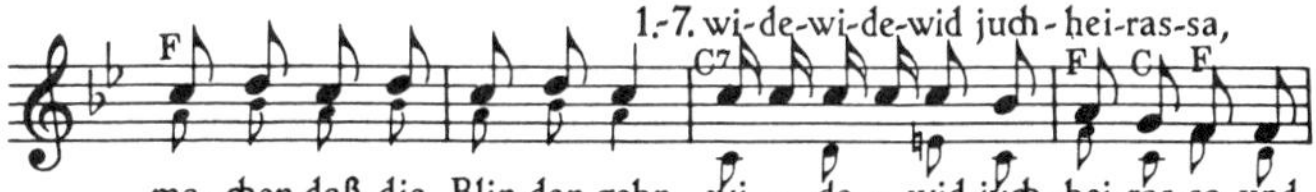

ma-chen, daß die Blin-den gehn, wi - de - wid juch-hei-ras-sa, und
schlug ihm mit dem Beil vor'n Kopf, wi - de - wid juch-hei-ras-sa, ge-
woll-te gern ge-kuhpockt sein, wi - de - wid juch-hei-ras-sa, ich

1.-7. wi-de-wi-de-wid bum bum.

daß die Lah-men wie-der sehn, wi - de - wid bum bum.
-stor-ben ist der ar-me Tropf, wi - de - wid bum bum.
impft's ihm mit dem Brat-spieß ein, wi - de - wid bum bum.

4. Des Küsters Sohn zu Dideldum, . . .
dem gab ich zehn Pfund Opium, . . .
Drauf schlief er Jahre, Tag und Nacht,
und ist bis heut noch nicht erwacht, . . .

5. Zu Wien kuriert ich einen Mann, . . .
der hatte einen hohlen Zahn, . . .
Ich schoß ihn raus mit der Pistol, . . .
ach Gott, wie ist dem Mann so wohl, . .

6. Zu Prag, da nahm ich einem Weib, . .
zehn Fuder Steine aus dem Leib, . . .
Der letzte war ihr Leichenstein, . . .
Sie wird jetzt wohl kurieret sein, . . .

7. Das ist die Art, wie ich kurier, . . .
sie ist probat, ich bürg dafür, . . .
Daß jedes Mittel Wirkung tut, . . .
schwör ich bei meinem Doktorhut, . .

T u M Studentenlied

97. Ich bin ein freier Wildbretschütz

G
1. Ich bin ein frei - er Wild - bret - schütz und
2. So - weit der blau - e Him - mel reicht, ge -
3. Doch weiß ich ein feins Mäg - de - lein, auf
G D D 1. G 2. G C D E Fis
hab ein weit Re - vier. Ich - vier. So - weit die brau - ne
- hört mir al - le Pirsch. So - Pirsch. Auf Fuchs und Has und
das ich lie - ber pirsch. Doch pirsch. Viel lie - ber als auf
G a D7 G
Hei - de geht, ge - hört das Ja - gen mir.
Ha - sel - huhn, auf Reh - bock und auf Hirsch.
Has und Huhn, auf Reh - bock und auf Hirsch.
1.-4. Hor - ri - do, hor - ri - do,
G
1.-4. hor - ri - do, hor - ri - do, hor - ri -
D7 1.G 2.G
- do, hor - ri - do, hor - ri - do, hus - sa - sa! - do!

4. |: Und daß sie einem andern gehört, macht keine Sorge mir. :|
|: Ich bin ein freier Wildbretschütz und hab ein weit Revier. :|
Horrido . . .

T Hermann Löns
M Volksweise

98. Ich bin ein Musikante

Einer: G a D7
1.-5. Ich bin ein Mu - si - kan - te und komm aus Schwaben -
G Alle: G a D7
- land. Wir sind auch Mu - si - kan - ten und komm'n aus Schwaben -
G Einer: D7 G Alle: a D7 G
1. - land. Ich kann auch bla - sen, wir könn'n auch bla - sen
2. - land. Ich kann auch spie - len, wir könn'n auch spie - len
3. - land. Ich kann auch schla - gen, wir könn'n auch schla - gen
Einer: D7 G Alle: a D7 G Einer: G
die Trom - pe - te, die Trom - pe - te: Teng - teng - te - reng, teng -
die Vio - li - ne, die Vio - li - ne: Sim - sam - ser - lim, sam -
auf die Pau - ke, auf die Pau - ke: Pe - rum - pumpum, pu -
G D7 G Alle:
- teng - te - reng, teng - teng - te - reng, teng - teng - te - reng, Teng -
- sim - ser - lim, sim - sam - ser - lim, sam - sim - ser - lim, Sim -
- rem - pem - pem, pe - rum - pum - pum, pu - rem - pem - pem, Pe -
G D7 G
- teng - te - reng, teng - teng - te - reng, teng - teng - te - reng, teng, teng.
- sam - ser - lim, sam - sim - ser - lim, sim - sam - ser - lim, lim, lim.
- rum - pum - pum, pu - rem - pem - pem, pe - rum - pum - pum, pum, pum.

4. Ich bin ein Musikante . . .
Ich kann auch blasen
die Klarinette:
Die A-Klapp auf,
die B-Klapp zu . . .

5. Ich bin ein Musikante . . .
Ich kann auch spielen
das Klaviere:
Greif da mal hin,
greif dort mal hin . . .

T u M Volkslied aus Schlesien

99. Ich ging durch einen grasgrünen Wald

G D7 G D7 G
1. Ich ging durch ei-nen gras - grü-nen Wald, da hört ich die Vö - ge - lein
2. Stimm an, stimm an, — Frau Nachti - gall, sing mir — von meinem Feins-
D7 G D7 a D7 G C H
sin - gen. Sie san-gen so jung, sie san-gen so alt, die klei - nen
-lieb-chen! Sing mir es so hübsch, sing mir es so fein, heut a - bend,
A D G D G D7 G
Vö - ge - lein in dem Wald, die hör ich so ger - ne wohl sin - gen.
da will ich bei ihr sein, sie hal-ten in mei - nen Ar - men.

T Volkslied
M Volksweise aus Hessen

100. Ich ging emol spaziere

G D
1. Ich ging e - mol spa - zie - re, na - nu, na-nu, na - nu, ich
2. Sie sagt, sie hätt viel Gul - de, na - nu, na-nu, na - nu, sie
D7 G
ging e - mol spa - zie - re, was sagst de nu da - zu? Ich
sagt, sie hätt viel Gul - de, was sagst de nu da - zu? Sie
G7 C C D E Fis G
ging e - mol spa - zie - re, bums val - le - ra, und
sagt, sie hätt viel Gul - de, bums val - le - ra, 's warn
C D G D D7 G
tät ein Mä - del füh - re, ha ha ha ha ha, und
a - ber lau - ter Schul - de, ha ha ha ha ha, 's warn

tät ein Mä - del füh - re, ha ha ha ha ha!
a - ber lau - ter Schul - de, ha ha ha ha ha!

3. Sie sagt', sie tät viel erbe, ...
's warn aber lauter Scherbe ...

4. Sie sagt', sie wär von Adel, ...
ihr Vater führt' die Nadel ...

5. Sie sagt', sie könnt gut koche, ...
's war hart wie lauter Knoche ...

6. Sie sagt', sie könnt schön tanze, ...
ihr Rock war voller Franse ...

7. Sie sagt', ich sollt sie küsse, ...
es brauchts niemand zu wisse ...

8. Sie sagt', ich sollt sie nehme,
bis daß der Sommer käme ...

9. Der Sommer ist gekomme ...
ich hab sie nicht genomme ...

10. Da ist sie hingegange, ...
und hat sich aufgehange ...

11. Da bin ich hingeritte, ...
und hab sie abgeschnitte ...

12. Der Winter ist gekomme, ...
da hab ich sie genomme ...

T Volkslied aus Franken, Nordmähren und Hessen
M Volksweise

101. Ich hatt einen Kameraden

1. Ich hatt ei - nen Ka - me - ra - den, ei - nen bes - sern findst du
2. Eine Ku - gel kam ge - flo - gen, gilt sie mir oder gilt sie
3. Will mir die Hand noch rei - chen, der - weil ich e - ben

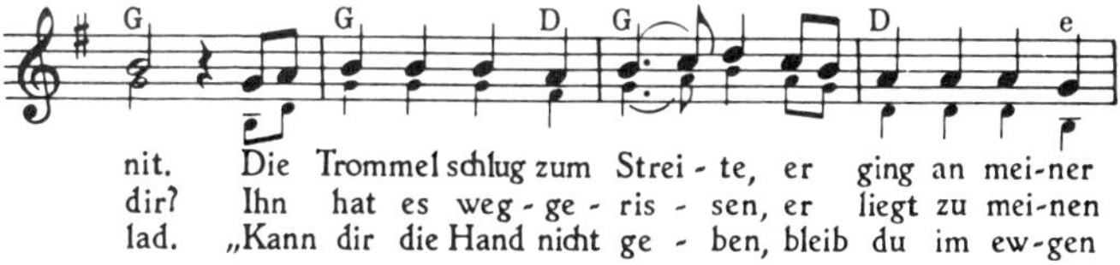
nit. Die Trommel schlug zum Strei - te, er ging an mei - ner
dir? Ihn hat es weg - ge - ris - sen, er liegt zu mei - nen
lad. „Kann dir die Hand nicht ge - ben, bleib du im ew - gen

Sei - te im gleichen Schritt und Tritt, im gleichen Schritt und Tritt.
Fü - ßen, als wär's ein Stück von mir, als wär's ein Stück von mir.
Le - ben mein gu - ter Ka - me - rad, mein gu - ter Ka - me - rad."

T Ludwig Uhland
M Friedrich Silcher

102. Ich hört ein Sichelein rauschen

F Fis g G E F
1. Ich hört ein Si-che-lein rauschen, wohl rauschen durch das Korn,
2. Laß rauschen, Lieb, laß rauschen, ich acht nicht, wie es geh,
3. Hast du ein' Buhlen er - worben in Veiel und grünem Klee,
F a d F C C7 F
ich hört ein' fei - ne Magd kla - gen, sie hätt ihr Lieb ver - lorn.
ich hab mir ein' Buhlen er - wor - ben in Veiel und grünem Klee.
so steh ich hier__ al - lei - ne, tut mei - nem Herzen weh.

T Volkslied aus Hessen und Franken
M Volksweise aus Baden

103. Ich schieß den Hirsch

d g D A A
1. Ich schieß den Hirsch im wil - den Forst, in tie - fen Wald das
2. Kam - pie - re oft zur Win - ters - zeit in Sturm und Wet - ter -
3. Der wil - de Falk ist mein Ge - sell, der Wolf mein Kampfge -
d d F C C7
Reh, den Ad - ler auf der Klip - pe Horst, die En - te auf dem
- nacht, hab ü - berreift und ü - berschneit den Stein zum Bett ge -
- span, der Tag geht mir mit Hundsge - bell, die Nacht mit Hus - sa
F A d g d g d g
See, kein Ort, der Schutz ge - wäh - ren kann, wo mei - ne Büch - se
- macht, auf Dor - nen schlief ich wie auf Flaum, vom Nordwind un - be -
an, ein Tannreis schmückt statt Blu - men - zier den schweißbedeck - ten
C7 F D7 g C7
zielt, und den - noch hab ich har - ter Mann die Lie - be auch ge -
- rührt, und den - noch hat die har - te Brust die Lie - be auch ge -
Hut, und den - noch schlug die Lie - be mir ins wil - de Jä - ger -

- fühlt, und dennoch hab ich har-ter Mann die Lie-be auch ge-fühlt.
- spürt, und dennoch hat die har-te Brust die Lie-be auch ge-spürt.
- blut, und dennoch schlug die Lie-be mir ins wil-de Jä-ger-blut.

T Franz Schober
M Volksweise

104. Ich wandre in die weite Welt

Grüßt mir das blonde Kind am Rhein

1. Ich wandre in die wei-te Welt auf Straßen und auf Gas-sen, da
2. Und wei-ter, wenn der Morgen tagt, durch Sonnengold und Re-gen. Mir
3. Wie hab beim Abschied ich gescherzt, als ob mich nichts ge-quä-let. Nun

find ich al-les schön be-stellt, nur mich find ich ver-las-sen. Der
hat die Mut-ter oft ge-sagt: Das Glück blüht al-ler-we-gen! Und
weiß ich erst, wie sehr es schmerzt, wenn eins dem an-dern feh-let. Am

Weg wird weit, am rau-hen Stein, da leg ich müd mich nie-der.
doch, hier kann es nimmer sein, kein einzger Stern fällt nie-der. } 1.-3. Grüßt
U-fer wan-delt sie al-lein, singt ein-sam mei-ne Lie-der.

mir das blon-de Kind am Rhein und sagt, ich kä-me wie-der! Grüßt

mir das blon-de Kind am Rhein und sagt, ich kä-me wie-der!

T Hans Willy Mertens
M Wilhelm Heiser, op. 409

105. Ich weiß nicht, was soll es bedeuten

Die Lorelei

C F C d
1. Ich weiß nicht, was soll es be - deu - ten, daß
2. Die schön - ste Jung - frau sit - zet dort
3. Den Schif - fer im klei - nen Schif - fe er -
C G G7 C
ich so trau - rig bin, ein Mär - chen aus ur - al - ten
o - ben wun - der - bar, ihr gold - nes Ge - schmei - de
- greift es mit wildem Weh, er schaut nicht die Fel - sen -
C d C G G7 C
Zei - ten, das kommt mir nicht aus dem Sinn. Die
blit - zet, sie kämmt ihr gol - de - nes Haar. Sie
- rif - fe, er schaut nur hin - auf in die Höh. Ich
G a G D
Luft ist kühl und es dun - kelt, und ru - hig
kämmt es mit gol - de - nem Kam - me und singt ein
glau - be, die Wel - len ver - schlin - gen am En - de
D7 G C A G F
fließt der Rhein, der Gip - fel des Ber - ges
Lied da - bei, das hat ei - ne wun - der -
Schif - fer und Kahn, und das hat mit ih - rem
C d C G G7 C
fun - kelt im A - bend - son - nen - schein.
- sa - me, ge - walt' - ge Me - lo - dei.
Sin - gen die Lo - re - lei ge - tan.

T Heinrich Heine
M Friedrich Silcher

106. Ihren Schäfer zu erwarten

Phyllis und die Mutter

D A7
1. Ih - ren Schä - fer zu er - war - ten, tral - le - ra - li, ti -
2. Ih - re Mut - ter kam ganz lei - se, tral - le - ra - li, ti -
3. Ih - rem Schlummer halb ent - ris - sen, tral - le - ra - li, ti -
D
- ral - le - ra - la! schlich sich Phyl - lis in den Gar - ten,
- ral - le - ra - la! nach der al - ten Müt - ter - wei - se,
- ral - le - ra - la! von den zar - ten Mut - ter - küs - sen,
A7 D G
tral - le - ra - li, ti - ral - le - ra - la! In dem dun - keln
tral - le - ra - li, ti - ral - le - ra - la! nach - ge - schli - chen,
tral - le - ra - li, ti - ral - le - ra - la! rief das Mäd - chen:
D A7 D A7
Myr - ten - hain schlief das lo - se Mädchen ein.
o wie fein, fand das Mäd - chen ganz al - lein.
„Ach, Da - möt, war - um kommst du heut so spät?"
1.-5. Tral - le - ra - li, ti -
D A7 D
- ral - le - ra - la, ti - ral - le - ra - li, ti - ral - le - ra - la!

4. „Ei, so hast du mich belogen? ...
deine Unschuld ist betrogen, ...
Ihm zur Schmach und dir zur Pein
sperr ich dich ins Kloster ein!" ...

5. „Kloster ist nicht mein Verlangen, ...
bist ja selbst nicht neingegangen, ...
Und wenn's allen so sollt gehn,
möcht ich mal die Klöster sehn!" ...

T Volkslied aus Franken
M Volksweise

107. Im Frühtau zu Berge

G
D

1. Im Früh - tau zu Ber - ge wir gehn, fal - le - ra, so
2. Ihr al - ten und so klu - gen Leut, fal - le - ra, ihr
3. Werft von euch, ihr Leut, al - le Qual, fal - le - ra, kommt

a
D
G

grün wie Sma - rag - de sind die Höhn, fal - le - ra.
denkt wohl, wir wä - ren nicht ge - scheit, fal - le - ra!
mit auf die Hö - hen aus dem Tal, fal - le - ra!

C
G

Wir wan - dern oh - ne Sor - gen sin - gend in den
Wer soll - te a - ber sin - gen, wenn wir schon Gril - len
Wir sind hin - aus - ge - gan - gen, den Son - nen - schein zu

G
D
G C G

Mor - gen, be - vor noch im Ta - le die Häh - ne krähn.
fin - gen in die - ser so herr - li - chen Früh - lings - zeit?
fan - gen, kommt mit und ver - sucht es doch auch ein - mal!

T Olof Thunman
M Volksweise aus Schweden

108. Im grünen Wald, da wo die Drossel singt

D
A7

1. Im grü - nen Wald, da wo die Dros - sel singt, *Dros - sel*
2. Das Reh - lein trank wohl aus dem kla - ren Bach, *kla - ren*
3. Ge - trof - fen war's und ster - bend lag es da, *lag es*

A7
D

singt, das munt - re Reh - lein durch die Bü - sche springt, *Bü - sche springt,*
Bach, der - weil im Wald der munt - re Ku - ckuck lacht, *Kuckuck lacht.*
da, das man vor - her noch mun - ter hüp - fen sah, *hüp - fen sah,*

wo Tann und Fich - te stehn am Wal - des - saum,
Der Jä - ger zielt schon hin - ter ei - nem Baum,
da trat der Jä - ger aus des Wal - des Saum

er - lebt ich mei - ner Ju - gend schön - sten Traum.
das war des Reh - leins letz - ter Le - bens - traum.
und sprach: Das Le - ben ist ja nur ein Traum.

4. Schier achtzehn Jahre sind verflossen schon, *flossen schon,*
die er verbracht als junger Waidmannssohn, *Waidmannssohn,*
|: er nahm die Büchse, schlug sie an ein' Baum
und sprach: Das Leben ist ja nur ein Traum. :|

T Volkslied aus dem Clevischen
M Volksweise aus dem Odenwald

109. Im Krug zum grünen Kranze

1. Im Krug zum grü - nen Kran - ze, da kehrt ich dur - stig ein; da
2. Ein Glas war ein - ge - gos - sen, das wur - de nim - mer leer, sein
3. Ich tät mich zu ihm set - zen, ich sah ihm ins Ge - sicht, das

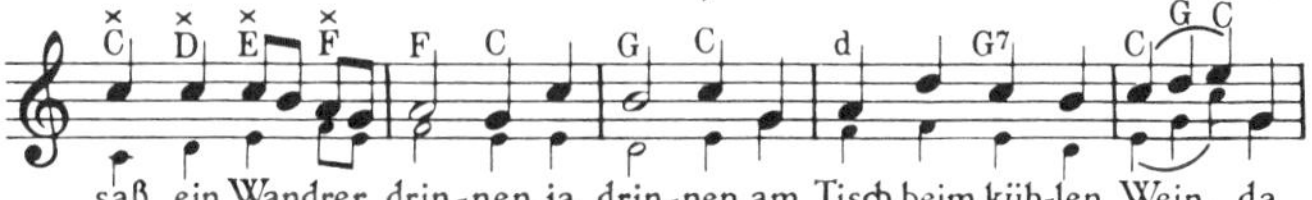

saß ein Wandrer drin - nen, ja drin - nen am Tisch beim küh - len Wein, da
Haupt ruht auf dem Bün - del, ja Bün - del, als wär's ihm viel zu schwer, sein
schien mir gar be - freundet, be - freundet, und dennoch kannt ich's nicht, das

saß ein Wandrer drin - nen, ja drin - nen am Tisch beim küh - len Wein.
Haupt ruht auf dem Bün - del, ja Bün - del, als wär's ihm viel zu schwer.
schien mir gar be - freundet, be - freundet, und dennoch kannt ich's nicht.

4. Da sah auch mir ins Auge
der fremde Wandersmann
|: und füllte meinen Becher, ja Becher,
und sah mich wieder an. :|

5. Hei, wie die Becher klangen,
wie brannte Hand in Hand:
|: Es lebe die Liebste deine, ja deine,
Herzbruder, im Vaterland! :|

T Wilhelm Müller
M Volksweise aus der Schweiz „Ich stand auf hohem Berge"

110. Im schönsten Wiesengrunde

C
1. Im_ schön - sten Wie - sen - grun - de ist
2. Muß_ aus dem Tal jetzt schei - den, wo
3. Sterb ich, in Ta - les Grun - de will
F Fis G C G C7
mei - ner Hei - mat Haus, da_ zog ich man - che
al - les Lust und Klang, das_ ist mein herb - stes
ich be - gra - ben sein, singt mir zur letz - ten
F C G G7 C
Stun - de ins Tal hin - aus.
Lei - den, mein letz - ter_ Gang.
Stun - de beim A - bend - schein!
1.-3. Dich, mein
stil - les Tal, grüß ich tau - send-mal!
C G G C
stil - les, stil - les Tal, grüß ich tau - send, tau-send-mal!
Da_
Das_
Singt
C G C7 F C G G C
zog ich man - che Stun - de ins Tal hin - aus.
ist mein herb - stes Lei - den, mein letz - ter_ Gang.
mir zur letz - ten Stun - de beim A - bend - schein!

T Wilhelm Ganzhorn
M Variante der Volksweise „Drei Lilien“

111. Im schwarzen Walfisch zu Askalon

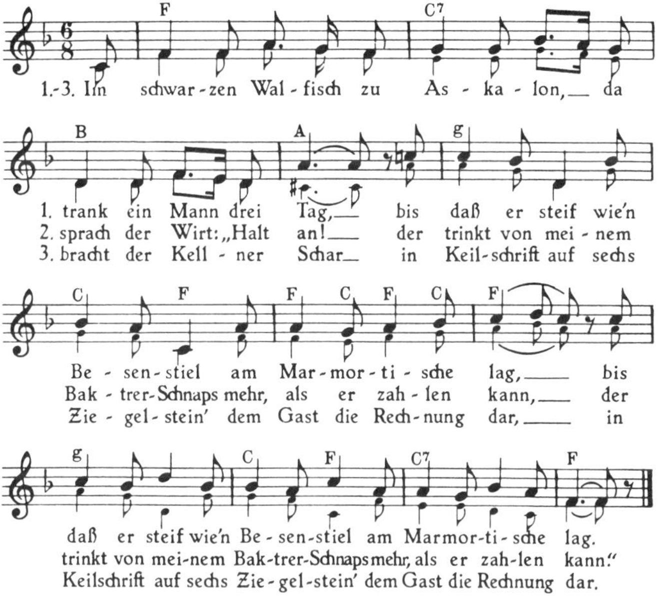
1.-3. Im schwar-zen Wal-fisch zu As-ka-lon, — da
1. trank ein Mann drei Tag, — bis daß er steif wie'n
2. sprach der Wirt: „Halt an! — der trinkt von mei-nem
3. bracht der Kell-ner Schar — in Keil-schrift auf sechs
Be-sen-stiel am Mar-mor-ti-sche lag, — bis
Bak-trer-Schnaps mehr, als er zah-len kann, — der
Zie-gel-stein' dem Gast die Rech-nung dar, — in
daß er steif wie'n Be-sen-stiel am Marmor-ti-sche lag.
trinkt von mei-nem Bak-trer-Schnaps mehr, als er zah-len kann."
Keilschrift auf sechs Zie-gel-stein' dem Gast die Rechnung dar.

4. Im schwarzen Walfisch zu Askalon,
da sprach der Gast: „O weh!
|: Mein bares Geld ging alles drauf
im Lamm zu Ninive!" :|

5. Im schwarzen Walfisch zu Askalon,
da schlug die Uhr halb vier,
|: da warf der Hausknecht aus Nubierland
den Fremden vor die Tür. :|

6. Im schwarzen Walfisch zu Askalon
wird kein Prophet geehrt,
|: und wer vergnügt dort leben will,
zahlt bar, was er verzehrt. :|

7. Im schwarzen Walfisch zu Askalon,
da schlug die Uhr halb neun;
|: da warf der Hausknecht aus Nubierland
den Fremden wieder rein. :|

T Joseph Victor Scheffel
M Volksweise „War einst ein jung, jung Zimmergesell"

112. Im tiefen Keller

F
1. Im tie - fen Kel - ler sitz ich hier bei
2. Mich plagt ein Dä - mon, Durst ge - nannt, doch
3. Al - lein mein Durst ver - mehrt sich nur bei
C7 F
ei - nem Faß voll Re - ben, bin gu - ten Muts und
um ihn zu ver - scheu - chen, nehm ich mein De - ckel -
je - dem fri - schen Be - cher; das ist die lei - di -
F C G G7 C
las - se mir vom al - ler - be - sten ge - ben. Der
-glas zur Hand und laß mir Rheinwein rei - chen. Die
-ge Na - tur der al - ten Rheinwein - ze - cher! Doch
C7 F B g
Kü - fer holt den He - ber vor, ge - hor - sam mei - nem
gan - ze Welt er - scheint mir nun in ro - sa - ro - ter
tröst ich mich, wenn ich zu - letzt vom Faß zu Bo - den
F C C F B D°
Win - ke, füllt mir das Glas, ich halt's em - por und
Schmin - ke, ich könn - te nie - mand Lei - des tun, ich
sin - ke: ich ha - be kei - ne Pflicht ver - letzt, ich
F C C7 F F E D C B A G F
1.u.2.Str.
3.Str.
trin - ke, trin - ke, trin - ke.
trin - ke, trin - ke, trin - ke.
trin - ke, trin - ke, trin - - - ke.

T Carl Müchler
M Ludwig Fischer

113. Im Wald und auf der Heide

A
1. Im Wald und auf der Hei - de, da such ich mei - ne
2. Und streif ich durch die Wäl - der und zieh ich durch die
3. Wenn sich die Son - ne nei - get, der feuch - te Ne - bel
A D A E7 A A E7
Freu - de, ich bin ein Jä - gers - mann, ich bin ein Jä - gers -
Fel - der al - lein den gan - zen Tag, al - lein den gan - zen
stei - get, mein Tagwerk ist ge - tan, mein Tagwerk ist ge -
A A h
- mann! Die For - sten treu zu pfle - gen, das Wild - bret zu er -
Tag, so schwinden mir die Stun - den gleich flüch - ti - gen Se -
- tan. Dann zieh ich von der Hei - de zur häuslich stil - len
h E7 A h
- le - gen, hab mei - ne Freud dar - an, hab
- kun - den, tracht ich dem Wil - de nach, tracht
Freu - de, ein fro - her Jä - gers - mann, ein
A E7 A A
mei - ne Freud dar - an. Hal - li, hal - lo, hal -
ich dem Wil - de nach. Hal - li, hal - lo, hal -
fro - her Jä - gers - mann. Hal - li, hal - lo, hal -
A h E7 1. A 2. A
- li, hal - lo, hab mei - ne Freud dar - an. - an.
- li, hal - lo, tracht ich dem Wil - de nach. nach.
- li, hal - lo, ein fro - her Jä - gersmann. - mann.

T Wilhelm Bornemann
M F. L. Gehrike

114. In einem kühlen Grunde

F C7 F d G

1. In ei - nem küh - len Grun - de, da geht ein Müh - len-
2. Sie hat mir Treu ver - spro - chen, gab mir ein' Ring da -
3. Ich möcht als Spielmann rei - sen wohl in die Welt hin -

C C F F C C7

-rad,— mein' Lieb-ste ist ver-schwunden, die dort ge - woh-net
-bei,— sie hat die Treu ge - bro - chen, mein Ring-lein sprang ent-
- aus— und sin - gen mei - ne Wei - sen und gehn von Haus zu

F G C7 F B F C C7 F

hat,— mein' Liebste ist ver-schwunden, die dort ge-woh-net hat.
-zwei, sie hat die Treu ge - bro - chen, mein Ringlein sprang entzwei.
Haus, und sin-gen mei-ne Wei - sen und gehn von Haus zu Haus.

4. Ich möcht als Reiter fliegen
wohl in die blutge Schlacht,
|: um stille Feuer liegen
im Feld bei dunkler Nacht. :|

5. Hör ich das Mühlrad gehen:
ich weiß nicht, was ich will,
|: ich möcht am liebsten sterben,
da wärs auf einmal still! :|

T Joseph Frhr. von Eichendorff
M Friedrich Glück

115. Jetzt gang i ans Brünnele

G D7 G G

1. Jetzt gang i ans Brünnele, trink a-ber net, jetzt gang i ans Brünnele,
2. Do laß i meine Äu-ge-le um und um gehn, do laß i meine Äu-ge-le

D7 G D7 G D7

trink a-ber net. Do such i mein herz-tau-si-ge Schatz, find en a - ber
um und um gehn. Do sieh-n-i mein herz-tau-si-ge Schatz bei-m-en and-re

G D7 G C D D7 G

net, do such i mein herz-tau-si-ge Schatz, find en a - ber net.
stehn, do sieh-n-i mein herz-tau - si-ge Schatz bei-m-en and-re stehn.

3. |: Und bei-m-en andre stehe seh,
ach, des tut weh! :|
|: Jetzt b'hüt di Gott, herztausiger Schatz,
di b'sieh-n-i nimme'meh. :|

4. |: Jetzt kauf i mir Dinte-n und
Fed'r und Papier :|
|: und schreib mei'm herztausige Schatz
einen Abschiedsbrief. :|

5. |: Jetzt leg i mi nieder aufs Heu
und aufs Moos, :|
|: do fallet mir drei Rösele
nieder in mein Schoß. :|

6. |: Und diese drei Rösele,
die sind so rot; :|
|: jetzt weiß i net: lebt mei Schatz,
oder ist er tot? :|

T u M Volkslied aus Schwaben

116. Jetzt kommen die lustigen Tage

1. Jetzt kom-men die lu-sti-gen Ta-ge, Schät-zel a-de, und
2. Und mor-gen, da müs-sen wir wan-dern, Schät-zel a-de, und
3. Und kehr ich dann einst-mals wie-der, Schät-zel a-de, so
daß ich es dir auch nur sa-ge: es tut mir gar nicht weh.
küs-sest du gleich ei-nen an-dern, wenn ich es nur nicht seh.
sing ich die al-ten Lie-der, vor-bei ist all mein Weh.
Und im Som-mer da blüht der ro-te, ro-te Mohn, und ein
Und seh ich's im Traum, so bild ich mir halt ein: ach, es
Und bist du mir dann wie einst-mals im Mai, so
lu-sti-ges Blut kommt ü-ber-all da-von.
ist ja nicht wahr, es kann ja gar nicht sein.
bleib ich bei dir auf e-wi-ge Treu.
1.-3. Schät-zel a-de, a-de, Schät-zel a-de!
Schät-zel a-de!

T u M Volkslied aus Deutsch-Mähren

117. Keinen Tropfen im Becher mehr

1. Kei - nen Trop - fen im Be - cher mehr, und der Beu - tel
2. „An - ge - krei - det wird hier nicht, weil's an Krei - de
schlaff und leer, lech - zend Herz und Zun - ge. An - ge - tan hat's
uns ge - bricht", lacht die Wir - tin hei - ter. „Hast du kei - nen
mir dein Wein, dei - ner Äug - lein hel - ler Schein, Lin - den-
Hel - ler mehr, gib zum Pfand dein Rän - zel her, a - ber
-wir - tin, du jun - ge, Lin - den - wir - tin, du jun - ge!
trin - ke wei - ter, a - ber trin - ke wei - ter!"

3. Tauscht der Bursch sein Ränzel ein
gegen einen Krug voll Wein,
tät zum Gehen sich wenden.
Spricht die Wirtin: „Junges Blut,
hast ja Mantel, Stab und Hut,
|: trink, und laß dich pfänden!" :|

4. Da vertrank der Wanderknab
Mantel, Hut und Wanderstab,
sprach betrübt: „Ich scheide.
Fahre wohl, du kühler Trank,
Lindenwirtin, jung und schlank,
|: schönste Augenweide!" :|

5. Spricht zu ihm das schöne Weib:
„Hast ja noch ein Herz im Leib,
laß es mir zum Pfande!"
Was geschah, ich tu's euch kund:
Auf der Wirtin rotem Mund
|: heiß ein anderer brannte. :|

6. Der dies neue Lied erdacht,
sang's in einer Sommernacht
lustig in die Winde.
Vor ihm stand ein volles Glas,
neben ihm Frau Wirtin saß
|: unter der blühenden Linde. :|

T Rudolf Baumbach
M Franz Abt

118. Kein Feuer, keine Kohle

1. Kein Feu - er, kei - ne Koh - le kann bren - nen so
2. Keine Ro - se, kei - ne Nel - ke kann blü - hen so
3. Setz du mir ei - nen Spie - gel ins Her - ze hin -

D A G D A

heiß_ als heim - li - che_ Lie - be, von der niemand nichts
schön, als wenn zwei verliebte_ See - len bei - ein - an - der tun
- ein,_ da - mit_ du_ kannst se - hen, wie so treu ich es

D A D A D A D

weiß, ______ von der niemand nichts weiß.
stehn, ______ bei - ein - an - der tun stehn.
mein, ______ wie so treu ich es mein.

T u M Volkslied aus Schlesien

119. Kein schöner Land

G D

1. Kein schö - ner Land in die - ser Zeit als hier das
2. Da ha - ben wir so man - che Stund ge - ses - sen

G D G

uns - re weit und breit, wo wir uns fin - den wohl un - ter
da in fro - her Rund und ta - ten sin - gen, die Lie - der

D G

Lin - den zur A - bend - zeit, wo wir uns
klin - gen im Ei - chen - grund, und ta - ten

G D G

fin - den wohl un - ter Lin - den zur A - bend - zeit.
sin - gen, die Lie - der klin - gen im Ei - chen - grund.

3. Daß wir uns hier in diesem Tal
noch treffen so viel hundertmal:
|: Gott mag es schenken,
Gott mag es lenken,
er hat die Gnad. :|

4. Nun, Brüder, eine gute Nacht!
Der Herr im hohen Himmel wacht;
|: in seiner Güten
uns zu behüten,
ist er bedacht. :|

T Ant. Wilhelm von Zuccalmaglio
M Zuccalmaglio nach Volksweisen

120. Komm, lieber Mai

D
A
D

1. Komm, lie- ber Mai, und ma - che die Bäu-me wie-der grün und
2. Zwar Win-ter - ta - ge ha - ben wohl auch der Freuden viel, man
3. Doch wenn die Vöglein sin - gen und wir dann froh und flink auf

D
A
D

laß mir an dem Ba - che die klei - nen Veil-chen blühn! Wie
kann im Schnee eins tra - ben und treibt manch A - bend-spiel, baut
grü - nem Ra - sen sprin-gen, das ist ein an - der Ding! Drum

A
D
E
A

möcht ich doch so ger - ne ein Blümchen wie - der sehn, ach,
Häu - ser - chen von Kar - ten, spielt Blin - de - kuh und Pfand, auch
komm und bring vor al - lem uns vie - le Veil-chen mit, bring

D
G
D
A
D

lie - ber Mai, wie ger - ne ein - mal spa - zie - ren gehn.
gibts wohl Schlitten - fahr - ten aufs lie - be frei - e Land.
auch viel Nach-ti - gal - len und schö - ne Ku-ckucks mit!

T Christian Adolph Overbeck
M Wolfgang Amadeus Mozart nach einer Volksweise

121. Kommt a Vogerl geflogen

G
D

1. Kommt a Vo - gerl ge - flo - gen, setzt sich
2. Und a Büch - serl zum Schie - ßen und an
3. Hast mi all - weil ver - trö - stet uf di

D G
nie - der auf mein Fuß, hat a Zet - terl im
Strauß-ring zum___ Schlagn, und a Diarn - dl zum
Sum - me - ri___ Zeit, und der Sum - mer ist
a D G 3
Schna - berl und vom Diarn - dl an Gruß.
Lie - ben muß a fri - scher Bua habn.
kum - ma, und mein Schat - zerl ist weit!

4. Daheim ist mei Schatzerl,
in der Fremd bin i hier,
und es fragt halt kei Katzerl,
kei Hunderl nach mir!

5. Liabs Vogerl, flieg weiter,
nimm an Gruß mit und an Kuß!
Und i kann di nit begleitn,
weil i hier bleibn muß.

T Adolf Bäuerle
M Wenzel Müller

122. Kuckuck, Kuckuck ruft's aus dem Wald

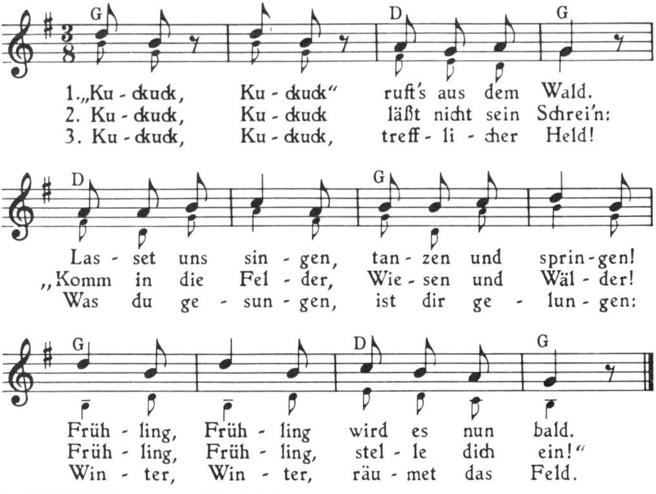
G D G
1. „Ku - ckuck, Ku - ckuck" ruft's aus dem Wald.
2. Ku - ckuck, Ku - ckuck läßt nicht sein Schrei'n:
3. Ku - ckuck, Ku - ckuck, treff - li - cher Held!
D G
Las - set uns sin - gen, tan - zen und sprin - gen!
„Komm in die Fel - der, Wie - sen und Wäl - der!
Was du ge - sun - gen, ist dir ge - lun - gen:
G D G
Früh - ling, Früh - ling wird es nun bald.
Früh - ling, Früh - ling, stel - le dich ein!"
Win - ter, Win - ter, räu - met das Feld.

T Heinrich Hoffmann von Fallersleben
M Volksweise aus Niederösterreich „Stieglitz, Stieglitz, 's Zeiserl is krank"

123. Laßt doch der Jugend ihren Lauf

F C7
1. Laßt doch der Ju - gend, der Ju - gend, der
2. War - um solln wir uns des Le - bens, des
3. Nur noch ein' Wal - zer, ein' Wal - zer zu
F
Ju-gend ih - ren Lauf! Laßt doch der Ju - gend, der
Le-bens nicht er-freun, war - um solln wir uns des
gu - ter, gu - ter Letzt, nur noch ein' Wal - zer, ein'
C7 F C
Ju - gend ih - ren Lauf! Hüb-sche Mä-del wach-sen
Le - bens nicht freun? Bei Tanz und
Wal - zer zu - - letzt! Seht nur, wie
G C G C
im-mer wie-der auf, laßt doch der Ju-gend ih-ren Lauf!
Flö - ten - spiel hat man der Freu - den viel.
hübsch und nett mein Schatz die Füß - chen dreht!
F C7 F
1.-3. Tanz mit der Dorl, walz mit der Dorl bis nach Schweinau mit der Dorl,
F C7 F
tanz mit der Dorl, walz mit der Dorl bis nach Schwein-au!

T u M Volkslied

124. Letzte Rose

1. Letz-te Ro - se, wie magst du so— ein - sam hier blühn? Dei-ne
2. Warum blühst du so trau-rig im— Gar-ten al - lein? Sollst im
freund-li-chen Schwestern sind längst, schon längst da - hin. Kei-ne
Tod mit den Schwestern, mit den Schwe-stern vereinigt sein. Drum
Blü - te haucht Bal-sam mit la - ben-dem, la - ben-dem Duft
pflück ich, o— Ro-se, vom Stam-me, vom Stam - me dich ab,
kei-ne Blät - ter mehr flat-tern in stür - mi - scher Luft.
sollst ru - hen mir am Her-zen und mit mir, ja mit mir im Grab.

T Thomas Moore, deutsch von Friedr. Wilh. Riese
M Volksweise aus Irland, bekannt durch Flotow's Oper „Martha“

125. Liebchen, ade

1. Liebchen, ade!
Scheiden tut weh.
Weil ich denn scheiden muß,
gib mir den letzten Kuß!
Liebchen, ade!
Scheiden tut weh.

2. Liebchen, ade!
Scheiden tut weh.
Wahre der Liebe dein,
stets will ich treu dir sein!
Liebchen, ade!
Scheiden tut weh.

3. Liebchen, ade!
Scheiden tut weh.
Wein nicht die Äuglein rot,
trennt uns ja selbst kein Tod!
Liebchen, ade!
Scheiden tut weh.

T 1. Strophe Volkslied aus Unterfranken; 2.u.3. Str. Otmar Schönhuth
M Volksweise aus Unterfranken, siehe „Winter, ade“ auf Seite 152

126. Lustig ist das Zigeunerleben

1. Lu - stig ist das Zi - geu - ner - le - ben, fa - ri - a, fa - ri -
2. Sollt uns ein - mal der Hun - ger pla - gen, fa - ri - a, fa - ri -
3. Sollt uns ein - mal der Durst sehr quä - len, fa - ri - a, fa - ri -
- a, brauch'n dem Kai - ser kein Zins zu ge - ben,
- a, tun wir uns ein Hirsch - lein ja - gen,
- a, gehn wir hin zu Wal - des - quel - len,
fa - ri - a, fa - ri - a, lu - stig ist es im
fa - ri - a, fa - ri - a, Hirsch - lein, nimm dich
fa - ri - a, fa - ri - a, trinken das Was - ser wie
grü - nen Wald, wo des Zi - geu - ners Auf - ent - halt!
wohl in acht, wenn des Jä - gers Büch - se kracht.
Mo - sel - wein, mei - nen, es müßte Cham - pag - ner sein.
1.-6. Fa - ri - a, fa - ri - a, fa - ri - a, fa - ri - a, fa - ri - a, fa - ri - a.

4. Mädel, willst du Tabak rauchen, ...
brauchst dir keine Pfeif zu kaufen, ...
Greif in meine Tasch hinein,
da wird Pfeif und Tabak sein ...

5. Wenn uns tut der Beutel hexen, ...
lassen wir einen Taler wechseln, ...
treiben wir die Zigeunerkunst,
habn wir den Taler schon wieder bei uns ...

6. Wenn wir auch kein Federbett haben, . . .
tun wir uns ein Loch ausgraben, . . .
legen Moos und Reisig 'nein,
das soll uns ein Federbett sein . . .

T u M Volkslied aus Niederschlesien

127. Lustig ist's Matrosenlebn

C G C G
1. Lu - stig ist's Ma - tro - sen - lebn, hal - to - jo, ist mit
2. Hat das Se - gel Wind ge - faßt, hal - to - jo, so be -
3. Kom - men wir in fer - ne Land, hal - to - jo, ist Ma -
G C G C F
lau - ter Lust um - gebn, hal - to - jo. Bald nach Sü - den, bald nach
- stei - gen wir den Mast, hal - to - jo. Sei zu - frie - den, Ka - pi -
- tro - sen wohl - be - kannt, hal - to - jo, keh - ren wir zur Stadt hin -
C F C
Nord, hal - to - jo, trei - ben uns die Wel - len fort, hal - to - jo,
- tän, hal - to - jo, Wind und Wet - ter wer - den schön, hal - to - jo,
- ein, hal - to - jo, wo die schö - nen Mädchen sein, hal - to - jo,
d A H C G C d G7 C
an so man - chen schö - nen Ort. Hal - to - jo, hal - to - jo, halt - jo!
laßt die Flag - ge lu - stig wehn! Hal - to - jo, hal - to - jo, halt - jo!
und man führt uns hübsch und fein. Hal - to - jo, hal - to - jo, halt - jo!

4. Eins, das macht mir viel Verdruß, . . .
weil ich von der Liebsten muß, . . .
Fischlein schwimmen in dem Bach, . . .
Liebchens Tränen schwimmen nach, . . .
und zuletzt ein heißes „Ach!" . . .

T nach Wilhelm Gerhard
M Volksweise aus der Lahngegend

128. Mädle ruck, ruck, ruck

D
1. Mäd - le ruck, ruck, ruck an mei - ne grü - ne Sei - te,
2. Mäd - le guck, guck, guck in mei - ne schwarze Au - ge,
3. Mäd - le du, du, du mußt mir den Trauring ge - be,
D A7 D
i hab di gar so gern, i kann di lei - de. Mäd-le
du kannst dei lieb - lichs Bild - le drin - ne schau - e! Mäd-le
denn sonst liegt mir ja nix mehr an meim Le - be. Mäd-le
D
ruck, ruck, ruck an mei - ne grü - ne Sei - te, i hab di
guck, guck, guck in mei - ne schwarze Au - ge, du kannst die
du, du, du mußt mir den Trauring ge - be, denn sonst liegt
G A D A7
gar so gern, i kann di lei - de.___ Bist so lieb und gut,
lieb - lichs Bild - le drin - ne schau - e!___ Guck no recht drei nei,
mir ja nix mehr an meim Le - be.___ Wenn i di net krieg,
D A7
schön wie Milch und Blut: du mußt bei mir blei - be, mußt mir
du mußt drin - ne sei, bist du drin - ne z'Haus, kommst du
gang i fort in Krieg, wenn i di net hab, is mir
D
d'Zeit ver - trei - be. Mäd - le ruck, ruck, ruck an mei - ne grü - ne
nim - me raus! Mäd - le guck, guck, guck in mei - ne schwarze
d'Welt a Grab! Mäd - le du, du, du mußt mir den Trauring

D G A D
Sei-te, i hab di gar so gern, i kann di lei - de.
Au-ge, du kannst dei lieb - lichs Bild-le drin-ne schaue!
ge - be, denn sonst liegt mir ja nix mehr an meim Le - be.

T 1. Strophe Volkslied aus Süddeutschland, 2. u. 3. Str. Heinrich Wagner
M Volksweise aus Schwaben

129. Mein Herz ist im Hochland

C d G C
1. Mein Herz ist im Hoch-land, mein Herz ist nicht hier, mein
2. Mein Nor-den, mein Hoch-land, leb wohl, ich muß ziehn, du
C d G C
Herz ist im Hoch - land im wald-gen Re - vier! Da
Wie - ge von al - lem, was stark und was kühn. Doch
D7 G D7 G7
jag ich das Rot - wild, da folg ich dem Reh, mein
wo ich auch wan - dre und wo ich auch bin, nach den
C d G7 C
Herz ist im Hoch - land, wo im - mer ich geh.
Hü - geln des Hoch - lands steht all - zeit mein Sinn.

3. Lebt wohl, ihr Gebirge
mit Häuptern voll Schnee,
ihr Schluchten, ihr Täler,
du schäumender See,
ihr Wälder, ihr Klippen,
so grau und bemoost,
ihr Ströme, die zornig
durch Felsen ihr tost!

4. Mein Herz ist im Hochland,
mein Herz ist nicht hier,
mein Herz ist im Hochland,
im waldgen Revier!
Da jag ich das Rotwild,
da folg ich dem Reh,
mein Herz ist im Hochland,
wo immer ich geh.

T Ferdinand Freiligrath nach Robert Burns
M Karl Irmischer

130. Mein Hut, der hat drei Ecken

D A7 D
Mein Hut, der hat drei E-cken, drei E-cken hat mein Hut, und
D A7 D
hat er nicht drei E-cken, dann ist es nicht mein Hut. Mein
D A7 D
Hut, der hat drei E-cken, drei E-cken hat mein Hut, und
D A7 D
hat er nicht drei E-cken, dann ist es auch nicht mein Hut.

T aus dem Saargebiet
M neapolitanische Canzonetta „Oh cara mamma mia"

131. Mein Lebenslauf ist Lieb und Lust

A E7
1. Mein Le-bens-lauf ist Lieb und Lust und lau-ter Lie-der-
2. Das Le-ben wird, der Trau-be gleich, ge-kel-tert und ge-
3. Die Zeit ist schlecht, mit Sor-gen trägt sich schon das jun-ge
A fis
-klang; ein fri-scher Mut in heit-rer Brust macht
-preßt, so gibt es Most, wird freu-den-reich und
Blut, doch wo ein Herz voll Freu-de schlägt, da

H7 E E
fro - hen Le - bens - gang. Man geht berg - aus, man
fei - ert man - ches Fest. Drum zag ich nicht, engt
ist die Zeit noch gut. Her - ein, her - ein, du
E7 A
geht berg - ein, heut grad und mor - gen krumm, durch
mir die Brust des Schick - sals Un - mut ein: bald
lie - ber Gast, du, Freu - de komm zum Mahl, würz
fis H7
Sor - gen wird's nicht an - ders sein: was kümmr' ich mich dar -
braus ich auf in Lieb und Lust und wer - de rei - ner
uns, was du be - sche - ret hast, kre - den - ze den Po -
E A E7
- um! Hei - da! Juch - he! was kümmr' ich mich dar -
Wein! Hei - da! Juch - he! und wer - de rei - ner
- kal! Hei - da! Juch - he! kre - den - ze den Po -
A h E7 A
- um! Hei - da! Juch - he! was kümmr' ich mich dar - um!
Wein! Hei - da! Juch - he! und wer - de rei - ner Wein!
- kal! Hei - da! Juch - he! kre - den - ze den Po - kal!

4. Beim großen Faß zu Heidelberg,
da sitze der Senat,
und auf dem Schloß Johannisberg
der hochwohlweise Rat.
Der Herrn Minister Regiment
soll beim Burgunderwein,
der Kriegsrat und das Parlament
soll beim Champagner sein.
|: Heida! Juchhe!
soll beim Champagner sein. :|

5. So sind die Rollen ausgeteilt
und alles wohl bestellt;
so wird die kranke Zeit geheilt
und jung die alte Welt.
Der Traube Saft kühlt heiße Glut,
drum leb das neue Reich!
Ein Zechermut, ein wahrer Mut:
der Wein macht alles gleich.
|: Heida! Juchhe!
der Wein macht alles gleich! :|

T August Mahlmann
M Studentenliedweise; eingangs Kinderliedweise „Puthöniken“

132. Mein Mädel hat einen Rosenmund

G e a D7 C
1. Mein Mä-del hat ei-nen Ro-sen-mund, und wer ihn
2. Die Wan-gen sind wie_ Mor-gen-röt, wie sie steht
3. Dein Au-gen sind wie die Nacht so schwarz, wenn nur zwei
C D7 e D G
küßt, der wird ge-sund.
ü-berm Win-ter-schnee.
Stern-lein fun-keln drin.
1.-4. O du, o du, o du! O
G h C D A7
du schwarz-brau-nes Mäg-de-lein, du la la la la la, du
G a G D7 G
la la la la la, du läßt_ mir kei-ne Ruh!

4. Du Mädel bist wie der Himmel gut,
wenn er über uns blau sich wölben tut.
O du, o du …

T Ant. Wilhelm von Zuccalmaglio nach einem bergischen Volkslied
M Zuccalmaglio nach Volksweisen aus Böhmen und Hessen-Nassau

133. Mit dem Pfeil, dem Bogen

D A D A
1. Mit dem Pfeil, dem Bo-gen, durch Ge-birg und Tal_
2. Wie im Reich der Lüf-te Kö-nig ist_der Weih,
3. Ihm ge-hört das Wei-te: was sein Pfeil er-reicht,
A G D A7 D
kommt der Schütz ge-zo-gen früh am Mor-gen-strahl.
so im Reich der Klüf-te herrscht der Schüt-ze frei._
das ist sei-ne Beu-te, was da kreucht und fleucht.
1.-3. La la

D
A7
D
la la la la la la la, — la la la la la la la, — la la
D
A7
D
la la la la la la la, — la la la la la la la. —

T Friedrich von Schiller im „Wilhelm Tell"
M Bernhard Anselm Weber

134. Morgen muß ich fort von hier

D A D A D
1. Mor-gen muß ich fort von hier und muß Ab-schied nehmen.
2. Wenn zwei gu-te Freun-de sind, die ein-an-der ken-nen,
3. Küs-set dir ein Lüf-te-lein Wan-gen o-der Hän-de,
D A D A E E A A
O du al-ler-schönste Zier, Scheiden, das — bringt Grämen.
Sonn und Mond be-we-gen sich, e-he sie — sich tren-nen.
den-ke, daß es Seuf-zer sein, die ich zu — dir sen-de,
A
Da ich dich so treu ge-liebt ü-ber al-le Ma-ßen,
Noch viel grö-ßer ist der Schmerz, wenn ein treu ge-lieb-tes Herz
tau-send schick ich täg-lich aus, die da we-hen um dein Haus,
D G D A A7 D
soll ich dich ver-las-sen, soll ich dich ver-las-sen.
in die Frem-de zie-het, in die Frem-de zie-het.
weil ich dein ge-den-ke, weil ich dein ge-den-ke.

T Achim von Arnim nach dem Volkslied „Nun so reis' ich"
M Friedrich Silcher

135. Muß i denn zum Städtele naus

C G C
1. Muß i denn, muß i denn zum_ Städ - te - le naus,
2. Wie du weinst, wie du weinst, daß i wan - de - re muß,
3. Ü - bers Jahr, ü - bers Jahr, wenn mer Träu - be - le schneidt,
C d G7 C
Städ - te - le naus, und_ du, mei Schatz, bleibst hier! Wenn i
wan - de - re muß, wie wenn d'Lieb jetzt wär vor - bei! Sind au
Träu - be - le schneidt, stell i_ hier mi wie - drum ei. Bin i
C G C
komm, wenn i komm, wenn i wie - der - um komm, wie - der - um
drauß, sind au drauß der_ Mä - de - le viel, Mä - de - le
dann, bin i dann dei_ Schät - ze - le no, Schät - ze - le
C d G7 C
komm, kehr i ei, mei Schatz, bei dir! Kann i
viel, lie - ber Schatz, i bleib dir treu! Denk du
no, so__ soll die Hoch - zeit sei. Ü - bers
G7 C F
glei net all - weil bei dir sei, han i doch mei Freud an_
net, wenn i e an - dre sieh, no sei mei Lieb vor-
Jahr, do ist mei Zeit vor - bei, do ghör i mei und
C C
dir! Wenn i komm, wenn i komm, wenn i wie - der - um komm,
- bei. Sind au drauß, sind au drauß der_ Mä - de - le viel,
dei: Bin i dann, bin i dann dei_ Schät - ze - le no,
C A7 d G7 C
wie - der - um komm, kehr i ei, mei Schatz, bei dir!
Mä - de - le viel, lie - ber Schatz, i bleib dir treu.
Schät - ze - le no, so__ soll die Hoch - zeit sei.

T 1. Strophe Volkslied; 2. u. 3. Str. Heinrich Wagner
M Volksweise aus Schwaben

136. Näh nicht, liebes Mütterlein

Der rote Sarafan

Näh nicht, lie-bes Müt-ter-lein, am ro-ten Sa-ra-fan,
nutz-los wird die Ar-beit sein, drum strenge dich nicht an!
Toch-ter, setz dich nie-der an mei-ner Sei-te hier,
Fröhlich magst du sin-gen als wie die Lerch im Mai,
Ju-gend kehrt nicht wie-der, wich sie ein-mal von dir.
la-chen, tan-zen, sprin-gen, doch bald ist des vor-bei!
Denn es kommen Jah-re, wo Lust und Freude fliehn, und die wel-ken
Wan-gen Fal-ten ü-ber-ziehn, und die wel-ken Wan-gen
Fal-ten ü-ber-ziehn. Ich sang auch einst Lie-der, lachte, tanzt und
sprang, steif sind jetzt die Glie-der, hin-kend ist mein Gang.
An dem Sa-ra-fan zu nähn heißt mich Er-in-ne-rung,
kann ich dich drin tan-zen sehn, fühl ich mich wie-der jung.

T Nikolai Grigorjewitsch Ziganoff
M Alexander Warlamoff

137. Westfalenlied

1. Ihr mögt den Rhein, den stol-zen prei-sen, der in dem Schoß der Re-ben
2. Wir ha-ben kei-ne sü-ßen Re-ben und schöner Wor-te Ü-ber-
liegt, wo in den Ber-gen ruht das Ei-sen, da hat die Mut-ter mich ge-
-fluß, und ha-ben nicht so bald für je-den den Bru-der-gruß und Bruder-
-wiegt. Hoch auf dem Fels die Tan-nen stehn, im grü-nen Tal die Her-den
-kuß, wenn du uns willst willkommen sein, so schau aufs Herz, nicht auf den
gehn, als Wächter an des Ho-fes Saum reckt sich em-por der Ei-chen-
Schein, und schau uns grad hinein ins Aug' grad-aus, das ist West-fa-len-
-baum: Da ist's wo mei-ne Wie-ge stand, o grüß dich Gott, West-fa-len-
-brauch! Es fra-gen nicht nach Spiel und Tand die Männer aus West-fa-len-
-land! Da ist's wo mei-ne Wie-ge stand, o grüß dich Gott, Westfa-len-land!
-land! Es fra-gen nicht nach Spiel und Tand die Männer aus Westfa-len-land!

3. Und unsre Frauen, unsre Mädchen,
mit Augen blau wie Himmelsgrund,
sie spinnen nicht die Liebesfädchen
zum Scherze für die müß'ge Stund'!
Ein frommer Engel Tag und Nacht
hält tief in ihrer Seele Wacht,
und treu in Wonne, treu in Schmerz,
bleibt bis zum Tod ein liebend Herz.
Glückselig, wessen Arm umspannt
ein Liebchen aus Westfalenland.

4. Behüt' dich Gott, du rote Erde,
du Land von Wittekind und Teut;
bis ich zu Staub und Asche werde
mein Herz sich seiner Heimat freut!
Du Land Westfalen, Land der Mark,
wie deine Eichenstämme stark,
dich segnet noch der blasse Mund
im Sterben in der letzten Stund'!
Land zwischen Rhein und Weserstrand
o grüß dich Gott, Westfalenland!

T E. Rittershaus
M Johann Peters

138. Nun ade, du mein lieb Heimatland

D A7 D
1. Nun a - de, du mein lieb Hei-mat-land, lieb Heimatland, a - de!
Es geht jetzt fort zum fer - nen Strand,
2. Wie du lachst mit dei - nes Himmels Blau, lieb Heimatland, a - de!
Wie du grü - ßest mich mit Feld und Au,
3. Be - glei - test mich, du lie - ber Fluß, lieb Heimatland, a - de!
Bist trau - rig, daß ich wandern muß,
A D
Und so sing ich denn mit fro - hem Mut, wie man
Gott weiß, zu dir steht stets mein Sinn, doch zur
Aus der Fer - ne noch, du stil - les Tal, grüß ich
G D A7 D
sin - get, wenn man wan - dern tut:
Fer - ne zieht es jetzt mich hin: Lieb Hei - mat - land, a - de!
dich zum al - ler - letz - ten Mal:

T August Disselhoff
M Soldatenliedweise aus Westfalen

139. Nun leb wohl, du kleine Gasse

G C G D
1. Nun leb wohl, du klei - ne Gas - se, nun a - de, du stil - les
2. Hier in wei - ter, wei - ter Fer - ne, wie's mich nach der Hei - mat
A D A D G D
Dach! Va - ter, Mut - ter sahn mir trau - rig, und die Liebste sah mir
zieht! Lu - stig sin - gen die Ge - sel - len, doch es ist ein falsches

G a G D D G
nach, _ und die Liebste sah mir nach.
Lied, _ doch es ist ein falsches Lied.

3. Andre Städtchen kommen freilich,
andre Mädchen zu Gesicht;
ach, wohl sind es andre Mädchen,
|: doch die eine ist es nicht! :|

4. Andre Städtchen, andre Mädchen,
ich da mitten drin so stumm!
Andre Mädchen, andre Städtchen,
|: o, wie gerne kehrt ich um! :|

T Albert Gräf von Schlippenbach
M Friedrich Silcher

140. O alte Burschenherrlichkeit

C G7 C G
1. O al - te Bur - schen-herr-lich-keit, wo - hin bist du ent -
2. Den Bur-schen-hut be - deckt der Staub, es sank der Flaus in
C F
-schwun-den? Nie kehrst du wie - der, gold - ne Zeit, so
Trüm - mer, der Schlä - ger ward des Ro - stes Raub, er -
C G G C G
froh und un - ge - bun - den! Ver - ge - bens spä - he
-bli - chen ist ___ sein Schim-mer. Ver - klun-gen der Kom -
D G
ich ___ um-her, ich fin - de dei - ne Spur nicht mehr.
-mers - ge-sang, ver - hallt Ra - pier- und Spo - ren-klang.
1.-6. O
C F C G G C
je - rum, je - rum, je - rum o quæ mu-ta - tio re-rum!

3. Wo sind die, die vom breiten Stein
nicht wankten und nicht wichen,
die ohne Moos bei Scherz und Wein
den Herrn der Erde glichen?
Sie zogen mit gesenktem Blick
in das Philisterland zurück.
O jerum . . .

4. Da schreibt mit finsterm Amtsgesicht
der eine Relationen,
der andre seufzt beim Unterricht,
und der macht Rezensionen;
der schilt die sündge Seele aus,
und der flickt ihr verfallnes Haus.
O jerum . . .

5. Allein das rechte Burschenherz
kann nimmermehr erkalten,
im Ernste wird, wie hier im Scherz,
der rechte Sinn stets walten;
die alte Schale nur ist fern,
geblieben ist uns doch der Kern,
und den laßt fest uns halten,
und den laßt fest uns halten!

6. Drum, Freunde, reichet euch die Hand
damit es sich erneue,
der alten Freundschaft heilges Band,
das alte Band der Treue.
Stoßt an und hebt die Gläser hoch,
die alten Burschen leben noch,
noch lebt die alte Treue,
noch lebt die alte Treue!

T u M Studentenlied

141. O du fröhliche

D G D G D A E A h
1.-3. O du fröh-li-che, o du se-li-ge, gna-den-brin-gende
A E E A A D
Weih-nachts-zeit!
1. Welt ging ver-lo-ren, Christ ist ge-
2. Christ ist er-schie-nen, uns zu ver-
3. Himm-li-sche Hee-re jauch-zen dir
D G D G D e D A A D
-bo-ren:
-süh-nen:
Eh-re:
Freu-e, — freu-e dich, o Chri-sten-heit!

T 1. Strophe Johannes Daniel Falk, 2. u. 3. Str. spätere Zudichtung
M „O sanctissima“, Wallfahrtsliedweise aus Sizilien

142. O du lieber Augustin

F C7 F
1. O du lieber Augustin, 's Geld is hin, 's Madl is hin, o du lieber
2. O du lieber Augustin, 's Geld is hin, 's Madl is hin, o du lieber
F C7 F C F C
Augustin, al-les is hin! Wollt noch vom Geld nix sagn, hätt i nur
Augustin, al-les is hin! 's Geld is weg, 's Madl is weg, Au-gu-stin
F F C7 F
's Madl beim Kragn! O du lieber Au-gu-stin, al-les is hin!
liegt im Dreck! O du lieber Au-gu-stin, al-les is hin!

T Wiener Volkslied
M nach alten Lied- und Tanzweisen

143. O Tannenbaum

1. O Tannenbaum, o Tannenbaum, wie treu sind dei-ne Blät-ter! Du
2. O Tannenbaum, o Tannenbaum, du kannst mir sehr ge - fal-len! Wie
3. O Tannenbaum, o Tannenbaum, dein Kleid will mich was leh-ren: Die

grünst nicht nur zur Sommers-zeit, nein, auch im Win-ter, wenn es schneit. O
oft hat nicht zur Weihnachtszeit ein Baum von dir mich hocherfreut! O
Hoff-nung und Be - stän-dig - keit gibt Trost und Kraft zu je - der Zeit. O

Tannenbaum, o Tannenbaum, wie treu sind dei - ne Blät-ter!
Tannenbaum, o Tannenbaum, du kannst mir sehr ge - fal - len!
Tannenbaum, o Tannenbaum, das will dein Kleid mich leh-ren.

T 1. Strophe August Zarnack nach einem Volkslied; 2. u. 3. Str. Ernst Anschütz
M Studentenliedweise „Lauriger Horatius“

144. O wie wohl ist mir am Abend

O wie wohl ist mir am A-bend, mir am A - bend, wenn zur Ruh die

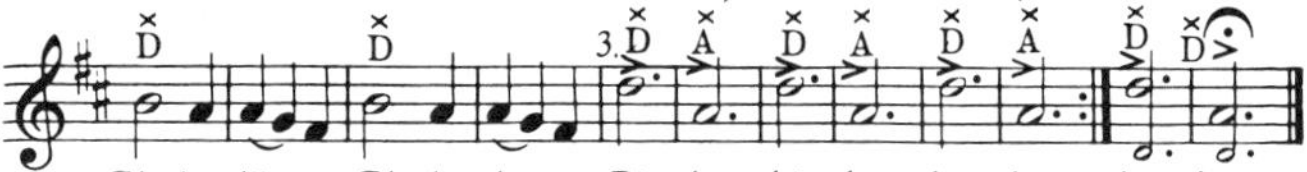

Glocken läuten, Glocken läuten: Bim bam bim bam bim bam bim bam.

Dreistimmiger Kanon
M ähnlich dem Kanon „Ich bin fröhlich“ von Karl Friedrich Schulz

145. Rose-Marie

1. Ro - se-Ma - rie, Ro - se - Ma - rie, sie - ben
2. Jed - we-de Nacht, jed - we - de Nacht hat mir im
3. Jetzt bin ich alt, jetzt bin ich alt, a - ber mein

D G Fis E D A D

Jah - re mein Herz nach dir schrie, Ro - se - Ma - rie,
Trau - me dein Bild zu - ge - lacht, kam dann der Tag,
Herz ist noch im - mer nicht kalt, schläft wohl schon bald,

h fis G D A A7 D

Ro - se - Ma - rie, a - ber du hör-test es nie. ___
kam dann der Tag, wie-der al - lei - ne ich lag. ___
schläft wohl schon bald, doch bis zu - letzt es noch hallt. ___

4. |: Rose-Marie, :|
sieben Jahre mein Herz nach dir schrie;
|: Rose-Marie, :|
aber du hörtest es nie.

T Hermann Löns
M Fritz Jöde
Mit Genehmigung des Eugen Diederichs Verlages, Düsseldorf/Köln

146. Rosestock, Holderblüh

B F7 B

1. Ro - se - stock, Hol - der-blüh, wenn i mein Dirn-del sieh,
2. Gsich-terl wie Milch und Blut, 's Dirn-del ist gar so gut,
3. Ar - merl so ku - gel - rund, Lip - pen so frisch und gsund,

B F7 B

lacht mer vor lau - ter Freud 's Her-zerl im Leib.
um und um do - ckerl - nett, wenn i's no hätt!
Fü - ßerl so hur - tig gschwind, tanzt wie der Wind.

F7 B F7 1. B 2. B

La-la-la, la-la-la, la la la la la la la la! la!

4. Wenn i ins dunkelblau,
funkelhell Augerl schau,
mein i, i schau
in mei Himmelreich nei.
Lalala ...

T u M Volkstanzlied aus Oberschwaben

147. Rundgesang und Gerstensaft

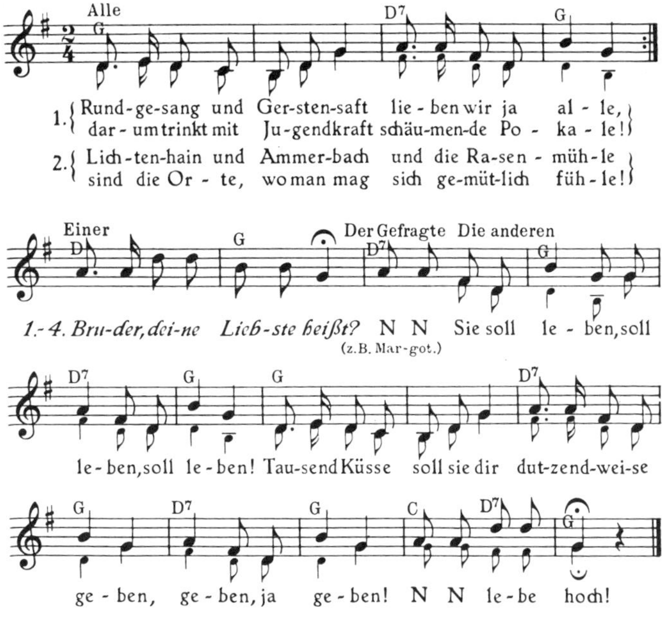
Alle
1. Rund-ge-sang und Ger-sten-saft lie-ben wir ja al-le,
dar-um trinkt mit Ju-gendkraft schäu-men-de Po-ka-le!
2. Lich-ten-hain und Ammer-bach und die Ra-sen-müh-le
sind die Or-te, wo man mag sich ge-müt-lich füh-le!
Einer
Der Gefragte
Die anderen
1.-4. Bru-der, dei-ne Lieb-ste heißt? N N Sie soll le-ben, soll
(z.B. Mar-got.)
le-ben, soll le-ben! Tau-send Küsse soll sie dir dut-zend-wei-se
ge-ben, ge-ben, ja ge-ben! N N le-be hoch!

3. Nürnberg, Augsburg, München
liefern braune Brühe,
diesen Stoff zu tilgen
kost' uns nicht viel Mühe.
Bruder, . . .

4. Auch in Leipzig an der Pleiß'
gibt es gute Gose,
ist sie auch so gelblich-weiß,
schmeckt wie Wein mit Soße.
Bruder, . . .

T u M Studentenlied

148. Sabinchen

1. Sa-bin-chen war ein Frauenzimmer, da-bei so tu-gend-haft, sie

F
C7
F
dien-te treu und red-lich immer bei ih-rer Dienstherr-schaft.

*)
F
C
2. Da kam aus Treu-en-brietzen – ein jun-ger Mann da-her, der
3. Sein Geld hat er ver-sof-fen – in Schnaps und auch in Bier, da
4. Sie konnte ihm keins nicht ge-ben, – da stahl sie auf der Stell von

F
C7
F
woll-te gern Sa-bin-chen be-sit-zen und war ein Schuhma-cher. –
kam er zu Sa-bin-chen ge-lof-fen und woll - te was von ihr. –
ih-rer gu-ten Dienst-herrschaft sechs sil-ber-ne Blech-löf-fel. –

5. Doch bald nach achtzehn Wochen,
da kam der Diebstahl raus,
da jagte man mit Schimpf und Schande
Sabinchen aus dem Haus.

6. Sie rief: „Verfluchter Schuster,
du rabenschwarzer Hund!“
Der nahm sein krummes Schustermesser
und schnitt ihr ab den Schlund.

7. Ihr Blut tat hoch aufspritzen,
sie fiel gleich um und um.
Der falsche Schuster aus Treuenbrietzen,
der stand um ihr herum.

8. Sie tut die Glieder strecken
nebst einem Todesschrei.
Den bösen Wicht tun jetzt einstecken
zwei Mann der Polizei.

9. In Ketten und in Banden,
bei Wasser und bei Brot,
da hat er endlich eingestanden
die schwarze Freveltot.

10. Und der Moral von die Geschicht?
Trau keinem Schuster nicht!
Der Krug, der geht so lang zum Brunnen,
bis daß der Henkel bricht.

*) Die folgenden Strophen beginnen hier

T u M Moritat aus Leipzig

149. Sag mir das Wort

Lang, lang ist's her

F
C7

1. Sag mir das Wort, dem so gern ich ge-lauscht, lang, lang ist's her,
2. Denkst du der Seuf-zer, die ich um dich ge-klagt, lang, lang ist's her,

F C F F

lang, lang ist's her. Sing mir das Lied, das mit Wonne mich berauscht!
lang, lang ist's her, als wir voll Schmerz „Le-be-wohl" uns gesagt?

g C7 F C7

Lang, lang ist's her, lang ist's her! Kehrt doch mit dir mei-ne
Lang, lang ist's her, lang ist's her! Keh - re, o keh - re doch

F C7 F F

Ru-he zu-rück, du, all mein Seh-nen, du, all mein Glück, lacht mir wie
bald mir zu-rück, du, all mein Seh-nen, du, all mein Glück, daß mir wie

F Fis D7 G C F

ein-stens dein lie-ben-der Blick, lang, lang ist's her, lang ist's her.
einst lacht dein lie-ben-der Blick, lang, lang ist's her, lang ist's her!

T u M „Tell me the tales" von Thomas Bayly
Deutscher T von Wilhelm Weidling

150. Sah ein Knab ein Röslein stehn

D A D7 G D D A

1. Sah ein Knab ein Röslein stehn, Röslein auf der Hei-den, war so
2. Kna-be sprach: „Ich bre-che dich, Röslein auf der Hei-den!" Röslein
3. Und der wil - de Kna-be brach 's Röslein auf der Hei-den, Röslein

h G D Fis Cis D A D

jung und morgenschön, lief er schnell, es nah zu sehn, sah's mit vie - len
sprach: „Ich ste-che dich, daß du e - wig denkst an mich, und ich will's nicht
wehr-te sich und stach, half ihm doch kein Weh und Ach, mußt es e - ben

Freuden.
lei-den." Röslein, Röslein, Röslein rot, Rösleinaufder Hei - den.
lei-den.

T Johann Wolfgang von Goethe, angeregt durch ein altes Volkslied
M Heinrich Werner, angeregt durch Franz Schuberts Komposition

151. Schleswig-Holstein meerumschlungen

1. Schles-wig - Hol-stein meer-um - schlun - gen, deut-scher
2. Ob auch wild die Bran-dung to - se, Flut auf
3. Gott ist stark auch in den Schwa - chen, wenn sie
Sit - te ho - he Wacht, wah - re treu, was schwer er -
Flut von Bai zu Bai, o laß blühn in dei - nem
gläu - big ihm ver - traun, za - ge nim - mer, und dein
-run-gen, bis ein schön-rer Mor-gen tagt! Schles-wig - Hol-stein
Scho-ße deut-sche Tu-gend, deut-sche Treu! Schles-wig - Hol-stein
Na-chen wird trotz Sturm den Ha - fen schaun. Schles-wig - Hol-stein
stamm-ver-wandt, wan-ke nicht, mein Va - ter - land! Schles-wig-
stamm-ver-wandt, blei-be treu, mein Va - ter - land! Schles-wig-
stamm-ver-wandt, har-re aus, mein Va - ter - land! Schles-wig-
-Holstein stamm-ver-wandt, wan-ke nicht, mein Va - ter - land!
-Holstein stamm-ver-wandt, blei-be treu, mein Va - ter - land!
-Holstein stamm-ver-wandt, har-re aus, mein Va - ter - land!

4. Von der Woge, die sich bäumet
längs dem Belt am Ostseestrand,
bis zur Flut, die ruhlos schäumet
an der Düne flüchtgem Sand:
|: Schleswig-Holstein stammverwandt,
stehe fest, mein Vaterland! :|

T Matthäus Friedrich Chemnitz
M Karl Gottlieb Bellmann

152. Schneidri, schneidra, schneidrum

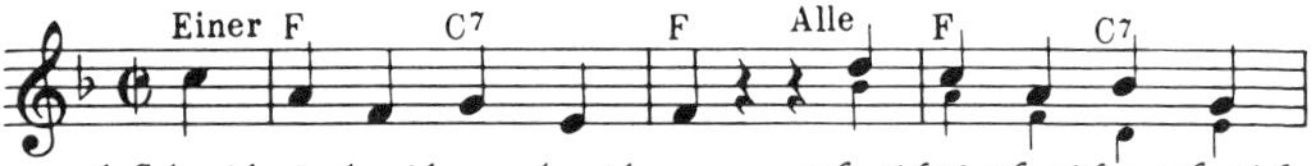
Einer F C7 F Alle F C7

1. Schneid-ri, schneid-ra, schneid-rum, *schneid-ri, schneid-ra, schneid-*
2. Ich Schnei-der bin ein Mann, *ich Schnei-der bin ein*

F Einer F D g C7

-rum! Ich bin der Mei-ster Schnei-der und mach den Leu-ten
Mann! Kann ei-nem neu-es Le-ben durch mei-ne Ar-beit

F C F B F Alle g F C C7 F

Klei-der im Lan-de weit her-um. *im Lan-de weit her-um.*
ge-ben, daß er sich zei-gen kann. *Ich Schneider bin ein Mann!*

3. |: Ich sitz und schau mich um, :|
als wenn ich Kaiser wäre,
mein Zepter ist die Schere,
mein Tisch das Kaisertum.
Ich sitz und schau mich um.

4. |: Spott keins der Schneider mehr! :|
Man halte sie in Ehren;
wenn keine Schneider wären,
wir liefen nackt herum.
Schneidri, schneidra, schneidrum!

T u M Volkslied aus Unterfranken

153. Schön ist die Jugend

G C G

1. Schön ist die Ju-gend bei fro-hen Zei-ten, schön ist die
2. Es blü-hen Blu-men auf Flur und Hal-de, sie wel-ken
3. Ein je-der Weinstock trägt schwere Re-ben, und aus den

D7 G G C

Ju-gend, sie kommt nicht mehr. Bald wirst du mü-de durchs Le-ben
al-le im Jah-res-lauf. Und so das Menschenherz ver-wel-ket
Re-ben fließt sü-ßer Wein. Mir woll'n die Jugend froh mit ihm durch-

G D7 G

schreiten, um dich wird's ein-sam, im Herzen leer.
bal-de und blüht zum zweiten Mal nicht wieder auf. } 1.-4. Drum sag ich's
-le-ben, er bringt uns Glück und Sonnenschein.

noch ein-mal: Schön ist die Ju-gend-zeit, schön ist die Ju-gend, sie
kommt nicht mehr. Sie kommt, sie kommt nicht mehr, kommt nie-mals
wie-der her. Schön ist die Ju - gend, sie kommt nicht mehr.

4. Vergangene Zeiten kehr'n niemals wieder,
was einst dein alles, raubt dir der Tod.
Drum freut des Lebens euch, singt frohe Lieder,
solang die Jugend im Herzen loht.
Drum sag ich's . . .

T Volkslied, ergänzt von Erich Schoch
M Volksweise aus Hessen

154. Schon glänzt das Mondenlicht

Santa Lucia

1. Schon glänzt das Mon-den-licht am Him-mels - bo - gen,
2. Hol - des Ne - a - pel! Ort sü - ßer Freu-den!
3. Oh, war - um zau-dert ihr? Seht, welch ein A - bend!
sanft wehn die Lüf - te, still sind die Wo-gen.
Kennst kei - ne Sor - gen, kennst kei - ne Lei-den.
Heut wehn die Lüf - te so kühl und la-bend.
Mein Na-chen har-ret hier, kommt, stei-get ein zu mir!
Fröh-li-cher Lie-der-schall tönt in dir ü - ber-all.
Mein Na-chen har-ret hier, kommt, stei-get ein zu mir!
1.-3. San-ta Lu - ci - a! San-ta Lu-ci-a! San-ta Lu-ci-a!

T Neapolitanische Barcarole „Sul mare luccica"
M Luigi Gordigiani

155. Schwarzbraun ist die Haselnuß

G D7
1. Schwarz-braun ist die Ha - sel - nuß, schwarz-braun bin auch
2. 's Mä - del hat mir a Bus-serl gebn, hat mich schwer ge -
3. 's Mä - del hat nicht Hof noch Haus, 's Mä - del hat kein
G G a A
ich, bin auch ich, schwarz-braun muß mein Mä-del sein, ge -
- kränkt, schwer ge-kränkt. Hab ihr's a - ber wie-der-gebn, ich
Geld, hat kein Geld. Doch ich geb es nicht her-aus für
D7 G G
- ra - de so wie ich.
mag ja nichts ge - schenkt.
al - les in der Welt.
1.-4. So wie du, so wie, so wie
D7 1. G
du, ha ha ha, so wie du, so wie, so wie du, ha ha ha!
2. G D7
du, ha ha ha! So wie, so wie du, ha ha ha ha,
D7 G
so wie, so wie du, ha ha ha ha, so wie, so wie

D7
G
D7
G
1.
2.
du, ha ha ha ha, so wie, so wie du. du.

4. Schwarzbraun ist die Haselnuß,
schwarzbraun bin auch ich, bin auch ich.
Wenn ich eine heiratn tu,
so muß sie sein wie ich.
So wie du . . .

T u M aus dem Salzburgischen

156. Seht, wie die Sonne dort sinket

D
A
1. Seht, wie die Son-ne dort sin - ket hin - ter dem
2. Hört ihr das Blö-ken der Läm - mer? Seht, wie die
3. Dörf-chen, o sei uns will - kom - men! Heut ist die

A
D
G
näch-li-chen Wald! Glöck-chen zur Ru - he uns win - ket,
Lüf - te schon wehn! Mäh - lich be-ginnt es zu däm - mern,
Ar-beit voll - bracht, bald, von den Ster-nen um-schwommen,

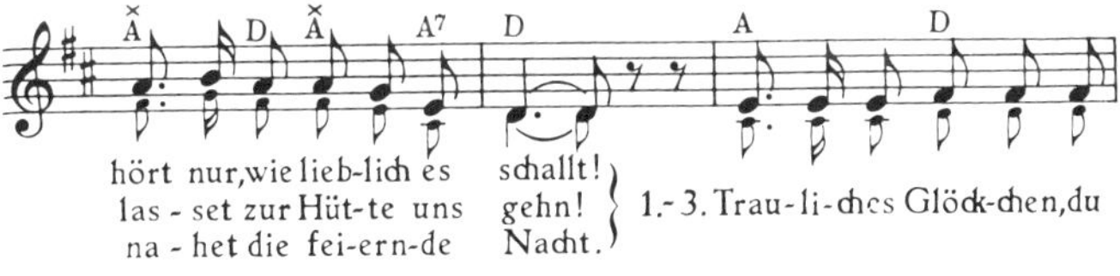
A
D
A
A7
D
A
D
hört nur, wie lieb-lich es schallt!
las - set zur Hüt-te uns gehn!
na - het die fei-ern-de Nacht.
1.-3. Trau-li-ches Glöck-chen, du

A7
D
A
D
A7
D
läu - test so schön, trau-li-ches Glöck-chen, du läu-test so schön!

D7
G
A
D
A
A7
D
Lau-te, mein Glöckchen, nur zu, läu-te zur sü-ßen Ruh!

T u M Volkslied aus Schlesien

157. 's ist alles dunkel

G
1. 'sist al-les dun-kel,'sist al-les trü-be, die-weil mein
2. Was nüt-zet mir ein schö-ner Gar-ten, wenn an-dre
3. Was nüt-zet mir ein schö-nes Mäd-chen, wenn an-dre
1. D E Fis G
2. D E Fis G
Schatz ein' an-dern liebt! Schatz ein' an-dern liebt! Ich hab ge-
drin spa-zie-ren-gehn, drin spa-zie-ren-gehn und pflücken
mit spa-zie-ren-gehn, mit spa-zie-ren-gehn und küs-sen
A7 D C a D
-glaubt, sie lie-bet mich, ich hab ge-glaubt, sie lie-bet
mir die Rös-lein ab, und pflü-cken mir die Rös-lein
ihr die Schönheit ab, und küs-sen ihr die Schön-heit
G D G G
mich. A-ber nein, a-ber nein, a-ber nein, a-ber
ab, wor-an ich mei-ne, wor-an du
ab, wor-an ich mei-ne, wor-an du
G A H C a D G
nein, a-ber nein, a-ber nein, sie has-set mich!
dei-ne, wor-an er sei-ne Freu-de hat?
dei-ne, wor-an er sei-ne Freu-de hat?

4. |: Kirsch, Kümmel, Nelken hab ich gern 'trunken,
bis daß ich nicht mehr trinken kunnt, :|
|: und wenn ich nicht mehr trinken kann, :|
dann kommen wohl die schwarzen Männer
und legen mich ins kühle Grab.

5. |: So pflanzt mir denn auf meinem Grabe
wohl Rosmarin und Thymian, :|
|: damit ich was zu riechen hab, :|
woran ich meine, woran du deine,
woran er seine Freude hat!

T u M Volkslied aus Oberhessen

158. 's ist mir alles eins

Alle
's ist mir al-les eins, 's ist mir al-les eins, ob ia
Geld hab o-der keins, 's ist mir al-les eins, 's ist mir
al-les eins, ob ia Geld hab o-der keins!
Einer
1. Wer a Geld hat, kann a Wei-berl habn, und wer
2. Wer a Geld hat, der kann spe-ku-liern, und wer
3. Wer a Geld hat, der kann grob sein, und wer
keins hat, kann von Glück bloß sagn.
keins hat, der kann nix ver-liern.
keins hat, der kann's auch sein.
Alle
's ist mir al-les eins, 's ist mir
al-les eins, ob ia Geld hab o-der keins!

4. . . . führt sein Schätzel aus,
   . . . führt's ein andrer aus . . .

5. . . . der kann Austern essn,
   . . . kann Kartoffeln fressn . . .

6. . . . kann ins Theater fahrn,
   . . . macht sich z'Haus den Narrn . . .

7. . . . der muß auch sterbn,
   . . . muß schon so verderbn . . .

T Wiener Couplet
M Volksweise aus Niederösterreich „Af d'r Ofnbank"

159. So leb denn wohl, du stilles Haus

A7
D

1. So leb denn wohl, du stil - les Haus! Ich zieh be -
2. So leb denn wohl, du schö - nes Land, in dem ich
3. So lebt denn, all ihr Lie - ben, wohl, von de - nen

A
D
A7

- trübt von dir hin - aus; so leb denn wohl, denn ich muß
ho - he Freu - de fand; du zogst mich groß, du pfleg-test
ich jetzt schei-den soll; und find ich drau - ßen auch mein

h
e
A7
D

fort, noch un - be - stimmt, an wel - chen Ort.
mein, und nim-mer - mehr ver - geß ich dein.
Glück, denk ich doch stets an euch zu - rück.

T Ferdinand Raimund in „Der Alpenkönig und der Menschenfeind"
M Wenzel Müller

160. So scheiden wir mit Sang und Klang

F
C
F

1. So schei-den wir mit Sang und Klang: Leb wohl, du schöner Wald!
2. Wir sin-gen auf dem Heimweg noch ein Lied der Dankbarkeit:
3. Schaut hin, von fern noch hört's der Wald in sei-ner A-bend-ruh!

F
B
A
G
F
C

Mit dei-nem küh - len Schat - ten, mit dei-nen grü-nen
Lad ein, wie heut, uns wie - der auf Lau-bes - duft und
Die Wip-fel möcht er nei - gen, er rau-schet in den

Mat - ten, du sü - ßer Aufent - halt, du sü - ßer Aufent - halt!
Lie - der zur schö - nen Maien - zeit, zur schö - nen Maien - zeit!
Zwei - gen, lebt wohl, ruft er uns zu, lebt wohl, ruft er uns zu!

T Heinrich Hoffmann von Fallersleben
M Variante einer Volksweise aus Schwaben

161. Stille Nacht, heilige Nacht

1. Stil - le Nacht, hei - li - ge Nacht! Al - les schläft,
2. Stil - le Nacht, hei - li - ge Nacht, Hir - ten erst
3. Stil - le Nacht, hei - li - ge Nacht! Got - tes Sohn,
ein - sam wacht nur das trau - te, hoch - hei - li - ge Paar.
kund ge - macht! Durch der En - gel Hal - le - lu - ja
o wie lacht Lieb aus dei - nem gött - li - chen Mund,
Hol - der Kna - be im lo - cki - gen Haar, schlaf in
tönt es laut von fern und nah: Christ, der
da uns schlägt die ret - ten - de Stund, Christ, in
himm - lischer Ruh, schlaf in himm - li scher Ruh!
Ret - ter, ist da, Christ, der Ret - ter ist da!
dei - ner Ge - burt, Christ, in dei - ner Ge - burt!

T Joseph Mohr
M Franz Gruber 24.12.1818

162. Still ruht der See

B
F
F

1. Still ruht der See, die Vög-lein schla-fen, ein Flü - stern nur, du
2. Still ruht der See, durch das Ge - zwei - ge der heil - ge O-dem
3. Still ruht der See, vom Himmels - do - me die Ster - ne friedsam

B
c

hörst es kaum. Der A-bend naht, nun senkt sich nie - der auf die Na-
Got-tes weht. Die Blümlein an dem See - ge - sta - de, sie spre-chen
nie-der-sehn. O Menschenherz, gib dich zu-frie - den, auch du, auch

F7
Fis
g
c
F7
B

-tur ein sü - ßer Traum, auf die Na - tur ein sü - ßer Traum.
fromm ihr Nacht-ge - bet, sie sprechen fromm ihr Nacht-ge - bet.
du wirst schla-fen gehn, auch du, auch du wirst schlafen gehn.

T u M Heinrich Pfeil op. 10 Nr. 1

163. Still, still, still, weil 's Kindlein schlafen will

Es
c
f
B7
Es

1. Still, still, still, weil 's Kind-lein schla-fen will! Ma-
2. Schlaf, schlaf, schlaf, mei lia - bes Kind-lein, schlaf! Die
3. Groß, groß, groß, die Liab ist ü - ber - groß! Gott

B7
Es
B7
Es

-ri - a tut es nie-der-sin-gen, ih - re keusche Brust dar-bringen.
En-gel tuan schö' mu - si - zie-ren, bei dem Kindlein ju - bi - lie-ren.
hat den Himmelsthron ver-las-sen und muaß rei - sen auf der Straßen.

Es
c
f
B7
Es

Still, still, still, weil 's Kind-lein schla-fen will!
Schlaf, schlaf, schlaf, mei lia - bes Kind-lein, schlaf!
Groß, groß, groß, die Liab ist ü - ber - groß!

4. Auf, auf, auf,
ihr Adamskinder, auf!
Fallet Jesum all zu Füßen,
weil er für uns d' Sünd tuat büaßen.
Auf, auf, auf,
ihr Adamskindet, auf!

5. Wir wir, wir
tun rufen all zu dir:
„Tua uns des Himmels Reich aufschliaßen,
wenn wir einmal sterben müassen!"
Wir, wir, wir
tun rufen all zu dir.

T Volkslied aus Tirol
M Volksweise aus dem Salzburgischen

164. Studio auf einer Reis'

1. Stu - di - o auf ei - ner Reis', juch-hei-di, juch-hei-da,
2. Hat der Stu-dio auch kein Geld, juch-hei-di, juch-hei-da,
ganz fa-mos zu le - ben weiß, juch-hei-di, hei - da.
ist er drum nicht schlecht be-stellt, juch-hei-di, hei - da!
Im - mer-fort durch dick und dünn schlen-dert er durchs Le-ben hin.
Man-ches fei - ste Pfäf - fe - lein la - det ihn zum Frühstück ein.
Juch-hei-di, hei - di, hei-da, juch-hei-di, juch-hei-da, juch-hei-di, hei - di, hei-da, juch-hei-di, hei - da!

3. Kehren wir ins Wirtshaus ein,
juchheidi, juchheida,
trinken wir stets Bier statt Wein,
juchheidi, heida!
Alle Mädel für uns glühn,
denn wir tragen Schwarz-Gold-Grün!
Juchheidi, heidi, heida . . .

4. Bayrisch Bier und Leberwurst,
juchheidi, juchheida,
und ein Kind mit runder Brust,
juchheidi, heida!
Und ein Glas Krambambuli,
Donnerwetter Parapluie!
Juchheidi, heidi, heida . . .

T u M Studentenlied

165. Süßer die Glocken nie klingen

Süßer die Glocken nie klingen
als zu der Weihnachtszeit,
grad als ob Engelein singen
wieder von Frieden und Freud,
|: wie sie gesungen in seliger Nacht. :|
Glocken mit heiligem Klang,
klinget die Erde entlang!

2. Und wenn die Glocken dann klingen,
gleich sie das Christkindlein hört,
tut sich vom Himmel dann schwingen,
eilet hernieder zur Erd,
|: segnet den Vater, die Mutter, das Kind! :|
Glocken mit heiligem Klang,
klinget die Erde entlang!

3. Klinget mit lieblichem Schalle
über die Meere noch weit,
daß sich erfreuen doch alle
seliger Weihnachtszeit!
|: Alle dann jauchzen mit frohem Gesang: :|
Glocken mit heiligem Klang,
klinget die Erde entlang!

T Fr. Wilhelm Kritzinger
M „Seht, wie die Sonne dort sinket" siehe Seite 125

166. Tief drin im Böhmerwald

F C7 C7 F F C7 C7 F
1. Tief drin im Böhmerwald, da liegt mein Heimatort, es ist gar lang schon her, daß ich von dort bin fort. Doch die Erinnerung, die bleibt mir stets gewiß, daß ich den Böhmerwald gar nie vergiß.
2. O holde Kindeszeit, noch einmal kehr zurück, wo spielend ich genoß das allerhöchste Glück, wo ich am Vaterhaus auf grüner Wiese stand und weithin schaute auf mein Vaterland.
3. Nur einmal noch, o Herr, laß mich die Heimat sehn, den schönen Böhmerwald, die Täler und die Höhn, dann kehr ich gern zurück und rufe freudig aus: Behüt dich, Böhmerwald, ich bleib zu Haus.
1.-3. Es war im

C7 F C7
Böh-mer-wald, wo mei-ne Wie-ge stand, im schö - nen, grü-nen
F C7
Böh - mer-wald, es war im Böh - mer-wald, wo mei - ne
F C7 F
Wie - ge stand, im schö - nen, grü - nen Wald.

T Maximilian Schmidt in der Erzählung „Am goldenen Steig“
M Hans Bicherl

167. Turner, auf zum Streite!

G D G D G G D7 G D
1. Tur-ner, auf zum Strei - te! Tre - tet in die Bahn!
2. Nicht mit frem-den Waf - fen schaf-fen wir uns Schutz,
H7 e A Fis G A A7 D
Kraft und Mut ge - lei - te uns zum Sieg hin - an!
was uns an - er - schaf - fen, ist uns Schutz und Trutz.
C D7 G D G
Ja, zu heh - rem Ziel füh - ret un - ser Spiel,
Bleibt Na - tur uns treu, stehn wir stark und frei!
G D G C G D D7 G
ja, zu heh - rem Ziel füh - ret un - ser Spiel.
Bleibt Na - tur uns treu, stehn wir stark und frei!

3. Wie zum Turnerspiele
ziehn wir in die Welt;
der gelangt zum Ziele,
der sich tapfer hält.
|: Männern, stark und wahr,
strahlt der Himmel klar! :|

4. Auf denn, Turner, ringet,
prüft der Sehnen Kraft!
Doch zuvor umschlinget
euch als Bruderschaft:
|: Großes Werk gedeiht
nur durch Einigkeit! :|

T A. Heinrich Weismann
M Joseph Hartmann Stuntz

168. Üb immer Treu und Redlichkeit

F C F C7 F C

1. Üb im-mer Treu und Red-lich-keit bis an dein küh-les Grab
2. Dann wirst du wie auf grü-nen Au'n durchs Pil-ger-le - ben gehn,
3. Dann wird die Si - chel und der Pflug in dei-ner Hand so leicht,

C7 F g C7 F

und wei - che kei-nen Fin-ger-breit von Got-tes We - gen ab.
dann kannst du son-der Furcht und Graun dem Tod ins Ant-litz sehn.
dann sin - gest du beim Was - ser-krug als wär dir Wein ge-reicht.

4. Dem Bösewicht wird alles schwer;
er tue, was er tu;
ihm gönnt der Tag nicht Freude mehr,
die Nacht ihm keine Ruh.

5. Der schöne Frühling lacht ihm nicht,
ihm lacht kein Ährenfeld;
er ist auf Lug und Trug erpicht
und wünscht sich nichts als Geld.

6. Der Wind im Hain, das Laub am Bau
saust ihm Entsetzen zu,
er findet nach des Lebens Traum
im Grabe keine Ruh.

7. Üb immer Treu und Redlichkeit
bis an dein kühles Grab
und weiche keinen Finger breit
von Gottes Wegen ab!

T Ludwig Hölty
M Wolfgang Amadeus Mozart „Ein Mädchen oder Weibchen"

169. Und der Hans schleicht umher

H7 e H7

1. Und der Hans schleicht um - her, trü - be Au - gen, blas - se
2. Lie - be Lie - se, komm her! Laß den Him - mel, der ist
3. Und er bit - tet und fleht, und er zupft sie am

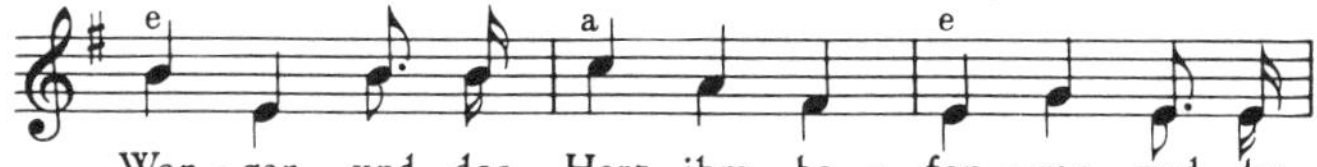
e a e

Wan - gen, und das Herz ihm be - fan - gen und der
trü - be, doch im Her - zen die Lie - be, ach, die
Zöpf - chen, und die Lie - se hält's Köpf - chen schon

H7 e D7 G

Kopf ihm so schwer, und die Lie - se vor der Tü - re, ro - tes
brennt gar so sehr! A - ber wenn du wie - der gut bist und du
halb um - ge - dreht. Und sie lacht schon und zieht's Mäulchen, und sie

D7
G

Mie - der, gold- ne Schnü - re, schaut hin - auf nach dem
wie - der dei - nen Hans küßt, oh, dann ist auch auf
ziert sich noch ein Weil - chen, und dann küßt sie den

G
D7
G

Him - mel und sieht den Hans nicht an, schaut hin-
ein - mal der Him - mel wie - der hell, oh, dann
Hans, und 's ist al - les wie - der gut, und dann

G
D7
G

- auf nach dem Him - mel und sieht den Hans nicht an.
ist auch auf ein - mal der Him - mel wie - der hell!
küßt sie den Hans, und 's ist al - les wie - der gut.

T u M Franz von Woyna

170. Und in dem Schneegebirge

D
G D
h
D

1. Und in dem Schnee - ge - bir - ge, da fließt ein Brünnlein
2. Ich hab dar - aus ge - trun - ken gar man - chen fri - schen
3. „A - de, mein Schatz, ich schei - de, a - de, mein Schät - ze -

A
A
D

kalt, und wer dar - aus tut trin - ken, und
Trunk, ich bin nicht alt ge - wor - den, ich
- lein!" „Wann kommst du a - ber wie - der, wann

A
D
A
D
A
D

wer dar - aus tut trin - ken, wird jung und nim - mer alt.
bin nicht alt ge - wor - den, ich bin noch all - zeit jung.
kommst du a - ber wie - der, Herz - al - ler - lieb - ster mein?"

4. „Wenn's schneiet rote Rosen
und regnet kühlen Wein.
|: Ade, mein Schatz, ich scheide, :|
ade, mein Schätzelein!"

5. „Es schneit ja keine Rosen
und regnet keinen Wein:
|: so kommst du auch nicht wieder, :|
Herzallerliebster mein."

T u M aus dem Glatzer Schneegebirge

171. Verstohlen geht der Mond auf

1. Ver-stoh-len geht der Mond auf. *Blau, blau Blümelein!* Durch
2. Er steigt die blau - e Luft hindurch. *Blau, blau Blümelein!* Bis
3. O schau - e, Mond, durchs Fensterlein! *Blau, blau Blümelein!* Schön

Sil-ber-wölk-chen geht sein Lauf.
daß er schaut auf Lö-wen-burg. } 1.-4. *Blau, blau Blü-me - lein!*
Tru-de, lock mit dei-nem Schein!

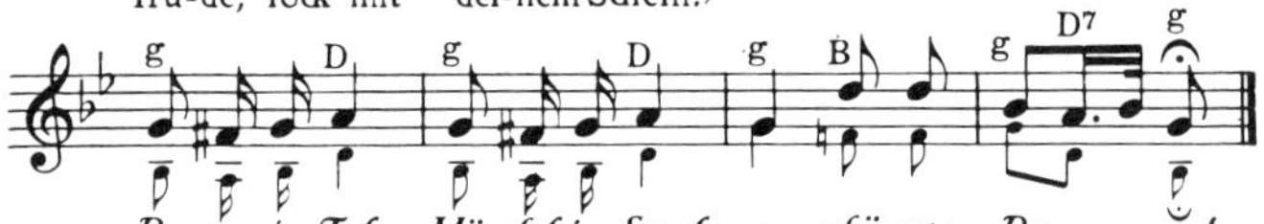

Ro-sen im Tal, Mä-del im Saal, o schönste Ro - sa!

4. Und siehst du mich und siehst du sie,
Blau, blau Blümelein!
Zwei treu're Herzen sahst du nie.
Blau, blau . . .

T 1. Strophe Volkslied vom Niederrhein 2. bis 4. Str. Ant. Wilhelm von Zuccalmaglio
M Zuccalmaglio nach dem Prozessionslied „Wolauff zu Gott"

172. Vöglein im hohen Baum

1. Vög-lein im ho - hen Baum, klein ist's, man sieht es kaum,
2. Blüm-lein im Wie - sen-grund blü - hen so lieb und bunt,

singt doch so schön, daß wohl von nah und fern al - le die
tau - send zu - gleich. Wenn ihr vor - ü - ber geht, wenn ihr die

Leu - te gern hor-chen und stehn, hor - chen und stehn.
Far - ben seht, freu - et ihr euch, freu - et ihr euch.

3. Wässerlein fließt so fort
immer von Ort zu Ort
nieder ins Tal.
Dürsten nun Mensch und Vieh,
kommen zum Bächlein sie,
trinken zumal, trinken zumal.

4. Habt ihr es auch bedacht,
wer hat so schön gemacht
alle die drei?
Gott der Herr machte sie,
daß sich nun spät und früh
jeder dran freu, jeder dran freu.

T Wilhelm Hey
M Friedrich Silcher

173. Von allen den Mädchen

Die Lore am Tore

F C
1. Von al - len den Mäd-chen so blink und so blank ge -
2. Und kommt sie ge-trip - pelt das Gäß - chen her - ab, so
3. Und kommt nun das Früh-jahr und Pfing-sten her - an, die
F B F C F
-fällt mir am be - sten die Lo - re; von al - len den Win-keln und
wird mir ganz schwül vor den Au - gen; und hör ich von wei - tem ihr
Zeit, wo der Bur-sche tut wan-dern, bleib ich halt im Städt-chen, setz
C F Fis G C7 F
Gäßchen der Stadt ge - fällt mir's im Win-kel am To - re. Der
lei-ses Klipp-Klapp, kein Niet o - der Band will mehr tau - gen. Die
al-les dar - an, um Mei-ster zu wer-den gleich an - dern. Und
G7 C G G7
Mei-ster, der schmunzelt, als hab er Ver-dacht, als hab er Ver -
hoch-fei - nen Da - men mit all ih - rer Pracht, sie glei-chen doch
hab ich's dann end - lich zum Mei-ster ge - bracht, Frau Mei-ste - rin
G7 C C7 F
-dacht auf die Lo - re, sie ist mein Ge-dan - ke bei
nicht mei-ner Lo - re, sie ist mein Ge-dan - ke bei
wird mei-ne Lo - re, dann hei - ßa, juch-hei - ßa, mein
C F Fis G C7 F
Tag und bei Nacht und woh-net im Win-kel am To - re.
Tag und bei Nacht und woh-net im Win-kel am To - re.
Glück ist ge - macht, leb wohl, du lieb Häuschen am To - re.

T Henry Carey „Of all the girls", deutsch von Hch. Christian Boie
M Studentenliedweise

174. Von der Alpe ragt ein Haus

Auf der Alm, da gibts koa Sünd

F
C7
1. Von der Al - pe ragt ein Haus nied-lich ü - bers Tal hin-
2. Als ich jüngst auf stei-lem Pfad ih - rem Pa - ra-dies ge -
3. Und als ich dann von ihr schied, klang von fern mir noch ihr
F
Fis
G
C
G7
-aus, drin-nen wohnt mit fro - hem Sinn ei - ne schö - ne Sen-ne-
-naht, trat sie flink zu mir her- aus, bot zur Her-berg mir ihr
Lied, und zu-gleich mit Schmerz und Lust trug ich's bei mir un - be-
C
C7
-rin. Senn'-rin singt so man-ches Lied, wenn durchs Tal der Ne - bel
Haus. Fragt nit lang: „Was tust all - hier", son-dern setz - te sich zu
-wußt. Und seit-dem, wo ich nur bin, schwebt mir vor die Sen - ne-
zieht. Horch, es klingt durch Luft und Wind:
mir, sang ein Lied - chen weich und lind:
-rin, hör sie ru - fen: Komm ge - schwind,
1.-3. Auf der
Alm, auf der Alm, auf der Alm, da gibts koa Sünd, auf der
Alm, — auf der Alm, — auf der Alm, da gibts koa Sünd!

T Johann Nepomuk Vogl
M Volkstümliche Weise aus Tirol

175. Waldeslust

C C
1.-4. Wal - des - lust! Wal - des - lust!
C G7 C
O wie ein - sam schlägt die Brust!
C G7 D G
1. Ihr lie - ben Vö - ge - lein, stimmt eu -
2. Mein Va - ter kennt mich nicht, die Mut -
3. In ei - ner Som - mer - nacht ist mir
G A H C A d
- re Lie - der ein und singt aus vol - ler
- ter liebt mich nicht, und ster - ben mag ich
die Lieb er - wacht, mein Schatz ist weit von
1 d G7 C 2 d G7 C
Brust die Wal - des - lust! Brust die Wal - des - lust!
nicht, bin noch so jung! nicht, bin noch so jung!
hier, was liegt dar - an! hier, was liegt dar - an!

4. Waldeslust! Waldeslust!
O wie einsam schlägt die Brust!
|: Kommt einst der Tod herbei,
ist mir das einerlei,
legt mich zur kühlen Ruh
und singt dazu! :|

T u M Volkstümliches Lied aus Hessen

176. Wandern, ach wandern

Der Rattenfänger

Einer
B
c
1. Wan-dern, ach wan-dern weit in die Fern, wandern, ach
2. Rat-ten und Mäu-se fan-ge ich ein, a-ber auch
3. Geht es zu En-de, Ster-ben muß sein, war ja im
F7
B
wan-dern tu ich so gern, rast-los durch-ei-len Tä-ler und
Mägdlein, herrlich und fein. So ei-ne Unschuld, lieblich und
Le-ben im-mer al-lein. Im Kampf ums Da-sein froh war mein
c
F7
B
Höhn. Welt, ach so weit, wie bist du so schön! Mir ward kei-ne
zart, küs-se ich feu-rig nach Sängers Art. — Und will sie sich
Sinn, drum geb mein Le-ben freudig ich hin. — Herr Pe-trus im
Ges(Fis)
Des(Cis)
Lie-be, kein hei-matlich Land, stets wei-ter nur ei-len, von
sträuben, halt ich sie so warm, heiß lie-bend umschlungen, fest
Him-mel, er öff-net die Tür, — er fra-get die En-gel: „Sagt,
Des(Cis)
Ges(Fis)
niemand ge-kannt. Die Sor-gen und Gril-len, die kannte ich
in mei-nem Arm, sing fle-hend ihr lei-se von Minne ins
wen brin-get ihr? Und sichtlich er-freut reicht mir Pe-trus die
G°
B
F7
Alle
nie, — singend verscheucht' ich spät sie und früh. Ein
Herz: „Ach, hör doch, du Süße, lind-re den Schmerz des
Hand: „Sei mir ge-grüßt du, sag, was ist dein Stand?" „Ein
B
c
fah-ren-der Sän-ger, von niemand ge-kannt, ein Rat-ten-
fah-ren-den Sän-gers, von niemand ge-kannt, des Rat-ten-
fah-ren-der Sän-ger, von niemand ge-kannt, ein Rat-ten-

F7 B
-fän - ger, das ist mein Stand, ein fah-ren-der Sän - ger, von
-fän - gers aus fer-nem Land, des fah-ren-den Sän-gers, von
-fän - ger, das ist mein Stand, ein fah-ren-der Sän-ger, von
B c G° B F7 B
niemand ge - kannt, ein Rat-ten-fän-ger, das ist mein Stand.
niemand ge - kannt, des Rat-ten-fän-gers aus fer-nem Land!
niemand ge - kannt, ein Rat-ten-fän-ger, das ist mein Stand!“

T Adolf Kunz
M Adolf Neuendorff in „Der Rattenfänger von Hameln“

177. Was die Welt morgen bringt

G C G C G
1. Was die Welt mor - gen bringt, ob sie mir Sor - gen bringt,
2. Wenn's dem Ge- schick ge - fällt, sind wir in al - le Welt
e D A A7 D C H e
Leid o - der Freud? Kom-me, was kom-men mag, Son-nen-schein,
mor-gen zer - streut! Drum laßt uns lu - stig sein! Wirt, roll das
D G C G D
Wet - ter-schlag, mor-gen ist auch ein Tag, heu - te ist
Faß her - ein! Mä-del, schenk ein, schenk ein! Heu - te ist
G H e C a G D D7 G
heut! Mor-gen ist auch ein Tag, heu - te ist heut!
heut! Mä - del, schenk ein, schenk ein! Heu - te ist heut!

3. Ob ihren Rosenmund
morgen schön Hildegund
anderen beut,
danach ich nimmer frag,
das schafft mir keine Plag,
|: wenn sie mich heut nur mag,
heute ist heut! :|

4. Klingklang, stoßt an und singt!
Morgen vielleicht erklingt
Sterbegeläut!
Wer weiß, ob nicht die Welt
morgen in Schutt zerfällt!
|: Wenn sie nur heut noch hält!
Heute ist heut! :|

T Rudolf Baumbach
M Valentin Eduard Becker

178. Was frag ich viel nach Geld und Gut

1. Was frag ich viel nach Geld und Gut, wenn ich zu-frieden bin!
Gibt Gott mir nur ge - sun-des Blut, so hab ich fro-hen Sinn
2. So mancher schwimmt im Ü - ber-fluß, hat Haus und Hof und Geld,
und ist doch im - mer voll Verdruß und freut sich nicht der Welt,

und sing mit dankba-rem Gemüt mein Morgen- und mein A-bend-lied.
je mehr er hat, je mehr er will, nie schweigen sei-ne Kla-gen still.

3. Da heißt die Welt ein Jammertal
und deucht mir doch so schön;
hat Freuden ohne Maß und Zahl,
läßt keinen leer ausgehn:
das Käferlein, das Vögelein
darf sich ja auch des Maien freun

4. Und uns zu Liebe schmücken ja
sich Wiese, Feld und Wald;
und Vögel singen fern und nah,
daß alles widerhallt;
bei Arbeit singt die Lerch uns zu,
die Nachtigall bei süßer Ruh.

5. Und wenn die goldne Sonn aufgeht
und golden wird die Welt
und alles in der Blüte steht
und Ähren trägt das Feld,
dann denk ich: alle diese Pracht
hat Gott zu meiner Lust gemacht.

6. Dann preis ich laut und lobe Gott
und schweb in hohem Mut
und denk: es ist ein lieber Gott
und meint's mit Menschen gut!
Drum will ich immer dankbar sein
und mich der Güte Gottes freun.

T Johann Martin Miller
M Christian Gottlob Neefe

179. Was hab ich denn meinem Feinsliebchen getan

1. Was hab ich denn mei-nem Feins-lieb-chen ge-tan? Es
2. Das macht wohl ihr stol-zer, hoch-mü-ti-ger Sinn, daß
3. Die stil-len, stil-len Was-ser, die ha-ben kei-nen Grund, laß

geht ja vor-ü-ber und schaut mich nicht an, es schlägt sei-ne
ich ihr nicht schön und nicht reich ge-nug bin, und bin ich auch nicht
ab von der Lie-be, sie ist dir nicht ge-sund, die ho-hen, ho-hen

G D7 G7 C
Äug-lein wohl un - ter sich und hat ei-nen an-dern viel
reich so bin ich doch so jung, herz-al-ler-lieb-stes Schätze-le, was
Ber-ge, das tie-fe, tie-fe Tal, heut seh ich mein Schätze-le zum
a G7 C G7 C D E F C G G7 C
lie-ber als mich, und hat ei-nen an-dern viel lie-ber als mich.
kümmer ich mich drum, herzallerliebstes Schätzele, was kümmer ich mich drum?
al-ler-letz-ten Mal, heut seh ich mein Schätzele zum al-ler-letz-ten Mal.

T Volkslied aus Deutsch-Mähren
M Volksweise aus Schlesien

180. Was kommt dort von der Höh?

F
1. Was kommt dort von der Höh, was kommt dort von der
2. Es ist ein Po-stil-lon, es ist ein Po-stil-
3. Was bringt der Po-stil-lon, was bringt der Po-stil-
F C7
Höh, was kommt dort von der le-der-nen Höh,
-lon, es ist ein le-der-ner Po-stil-lon
-lon, was bringt der le-der-ne Po-stil-lon
F C F C7 F
ça ça le-der-nen Höh, was kommt dort von der Höh?
ça ça Po-stil-lon, es ist ein Po-stil-lon.
ça ça Po-stil-lon, was bringt der Po-stil-lon?

4. |: Er bringt 'nen Fuchsen mit, :|
er bringt 'nen ledernen Fuchsen mit, . . .

5. |: „Ihr Diener, meine Herrn! :|
Ihr Diener, meine hochzuverehrenden Herrn“, . . .

6. |: Was macht der Herr Papa? :|
Was macht der lederne Herr Papa? . . .

7. |: „Er liest im Kikero, :|
er liest im ledernen Kikero“, . . .

8. |: Was macht die Frau Mama? :|
Was macht die lederne Frau Mama? . . .
9. |: „Sie fängt dem Papa Flöh, :|
sie fängt dem ledernen Papa Flöh!“ . . .
10. |: Was macht die Mamsell Sœur? :|
Was macht die lederne Mamsell Sœur? . . .
11. |: „Sie strickt dem Papa Strümpf, :|
sie strickt dem Papa lederne Strümpf!“ . . .
12. |: Was macht der Herr Rektor? :|
Was macht der lederne Herr Rektor? . . .
13. |: „Er prügelt seine Bubn! :|
Er prügelt seine ledernen Bubn!“, . . .
14. |: Raucht auch der Fuchs Tabak? :|
Raucht auch der lederne Fuchs Tabak? . . .
15. |: „Ein wenig, meine Herrn, :|
ein wenig, meine hochzuverehrenden Herrn!“ . . .
16. |: So steck er sich eins an, :|
so steck er sich ein ledernes an, . . .
17. |: „Ach, ach, es wird mir weh, :|
ach, ach, es wird mir ledern weh“, . . .
18. |: So brech er sich mal aus, :|
so brech er sich mal ledern aus, . . .
19. |: „Jetzt ist mir wieder wohl, :|
jetzt ist mir wieder ledern wohl“, . . .
20. |: So wird der Fuchs ein Bursch, :|
so wird der lederne Fuchs ein Bursch, . . .

T Studentenlied
M Volksweise „Bei Hall' ist eine Mühl'“

181. Weißt du, wieviel Sternlein stehen

F
C
1. Weißt du, wie - viel Sternlein ste - hen an dem blau - en Himmels-
2. Weißt du, wie - viel Mücklein spie - len in der hei - ßen Sonnen-
3. Weißt du, wie - viel Kin - der frü - he stehn aus ih - rem Bettlein
F
F
- zelt? Weißt du, wie - viel Wol - ken ge - hen weit - hin
- glut, wie - viel Fisch - lein auch sich küh - len in der
auf, daß sie oh - ne Sorg und Mü - he fröh - lich

ü - ber al - le Welt? Gott der Herr hat sie ge
hel - len Was - ser - flut? Gott der Herr rief sie mit
sind im Ta - ges - lauf? Gott im Him - mel hat an
- zäh - let, daß ihm auch nicht ei - nes feh - let an der
Na - men, daß sie all ins Le - ben ka - men, daß sie
al - len sei - ne Lust, sein Wohl - ge - fal - len, kennt auch
gan - zen gro - ßen Zahl, an der gan - zen gro - ßen Zahl.
nun so fröh - lich sind, daß sie nun so fröh - lich sind.
dich und hat dich lieb, kennt auch dich und hat dich lieb.

T Wilhelm Hey
M Volksweise „O du Deutschland"

182. Wem Gott will rechte Gunst erweisen

1. Wem Gott will rech - te Gunst er - wei - sen, den
2. Die Bäch - lein von den Ber - gen sprin - gen, die
3. Den lie - ben Gott laß ich nur wal - ten, der
schickt er in die wei - te Welt, dem will er sei - ne Wun - der
Ler - chen schwirren hoch vor Lust: was sollt ich nicht mit ih - nen
Bächlein, Ler - chen, Wald und Feld und Erd und Himmel will er -
wei - sen in Berg und Wald und Strom und Feld.
sin - gen aus vol - ler Kehl und fri - scher Brust?
- hal - ten, hat auch mein Sach aufs best be - stellt.

T Joseph Frhr. von Eichendorff
M Friedrich Theodor Fröhlich nach der Volksweise „Da zieh ich wiederum"

183. Wenn alle Brünnlein fließen

1. Wenn al - le Brünn-lein flie - ßen, so muß man trin -
2. Ja win-ken mit den Äu-ge-lein und tre - ten auf den
- ken, wenn ich mein Schatz nicht ru - fen darf, tu
Fuß, 's ist ei - ne in der Stu - be drin, die
ich ihm win - ken, wenn ich mein Schatz nicht ru - fen darf,
mei - ne wer-den muß, 's ist ei - ne in der Stu - be drin,
ju, ja, ru - fen darf, tu ich ihm win - ken.
ju, ja, Stu - be drin, die mei - ne wer - den muß.

3. Warum sollt sie's nicht werden,
ich hab sie ja so gern.
Sie hat zwei blaue Äugelein,
die leuchten wie zwei Stern,
sie hat zwei blaue Äugelein,
ju, ja, Äugelein,
die leuchten wie zwei Stern.

4. Sie hat zwei rote Wängelein,
sind röter als der Wein,
ein solches Mädel findst du nicht
wohl unterm Sonnenschein,
ein solches Mädel findst du nicht,
ju, ja, findst du nicht
wohl unterm Sonnenschein.

T u M Volkslied aus Schwaben

184. Wenn der Topp aber nu en Loch hat

Liese (eine helle oder Fistel-Stimme)
(ad lib. 1 Oktav höher)
1. Wenn der Topp a - ber nu en Loch hat, lie - ber Heinrich, lie - ber
2. Wo - mit soll ich's denn a - ber zustoppn, lie - ber Heinrich, lie - ber
3. Wenn das Stroh a - ber nu zu lang is, lie - ber Heinrich, lie - ber
Heinrich (alle tiefen, dunklen Stimmen)
(ad lib. 1 Oktav tiefer)
Heinrich? Stopp's zu, lie - be, lie - be Lie - se, lie - be Lie - se, stopp's zu!
Heinrich? Mit Stroh, lie - be, lie - be Lie - se, lie - be Lie - se, mit Stroh!
Heinrich? Hau's ab, lie - be, lie - be Lie - se, lie - be Lie - se, hau's ab!

4. *Womit soll ich's denn aber abhaun . . . ?* Mit'n Beil . . . !
5. *Wenn das Beil aber nu zu stumpf is . . . ?* Mach's scharf . . . !
6. *Womit soll ich's denn aber scharf machn . . . ?* Mit'n Stein . . .
7. *Wenn der Stein aber nu zu trockn is . . . ?* Mach'n naß . . . !
8. *Womit soll ich'n denn aber naß machn . . . ?* Mit Wassr . . .
9. *Womit soll ich denn aber Wassr holn . . . ?* Mit'n Topp . . .
10. *Wenn der Topp aber nu en Loch hat, lieber Heinrich, lieber Heinrich?"*
„Laß's sein, dumme, dumme Liese, dumme Liese, laß's sein!"

Auf die 9. kann auch die 1. Strophe folgen (da capo in infinitum)

T Volkslied aus dem Erzgebirge
M Volksweise „Spinn, spinn, meine liebe Tochter" aus dem Clevischen

185. Wenn des Sonntags früh

Das Schweizermadel

G
D
1. Wenn des Sonn-tags früh um vier die Sonn auf-geht und das
Hol - la hi - a hi - a hi - a hol - la - ho, hol - la
D
G
Schweizer-ma-del auf die Alm nauf geht,
hi - a hi - a hi - a hol - la - ho,
bleibt ein Wan-der-bursch
G
a
D7
G
am We-ge stehn, weil das Schweizer-ma-del sang so schön.

2. In der ersten Hütt, da habn wir zusammengsessn,
in der zweiten Hütt, da habn wir zsammen'gessn,
in die dritte habn wir reingeschaut,
saß ein Wanderbursch mit seiner Braut.
Holla hia . . .
in die dritte . . .

3. Mädel heirat mich, ich bin ein Zimmermann,
baue Häuser mit ner Liebeslaube dran,
kann nicht länger bleiben so allein;
Mädel, heirat mich und du bist mein!
Holla hia . . .
kann nicht länger . . .

T u M Pfadfinderlied, von Willi Draths in Rheinhessen aufgezeichnet

186. Wenn die bunten Fahnen wehen

1. Wenn die bun-ten Fah-nen we-hen, geht die Fahrt wohl
2. Son-nenschein ist uns-re Won-ne, wie er lacht am
3. Hei, die wil-den Wan-der-vö-gel zie-hen wie-der
ü-bers Meer. Wolln wir fer-ne Lan-de se-hen, fällt der
lich-ten Tag! Doch es geht auch oh-ne Son-ne, wenn sie
durch die Nacht! Sin-gen ih-re al-ten Lie-der, daß die
Ab-schied uns nicht schwer. Leuch-tet die Son-ne, zie-hen die
mal nicht schei-nen mag. Bla-sen die Stür-me, brau-sen die
Welt vom Schlaf er-wacht. Kommt dann der Mor-gen, sind sie schon
Wol-ken, klin-gen die Lie-der weit ü-bers Meer.
Wel-len, sin-gen wir mit dem Sturm un-ser Lied.
wei-ter, ü-ber die Ber-ge, wer weiß, wo-hin.

4. Wo die blauen Gipfel ragen,
lockt so mancher steile Pfad.
Immer vorwärts, ohne Zagen,
bald sind wir dem Ziel genaht!
Schneefelder blinken, schimmern von ferne her,
Lande versinken im Wolkenmeer.

T u M Alfred Zschiesche

187. Wenn ich einmal der Herrgott wär

1. Wenn ich ein-mal der Herr-gott wär, mein er-stes wä-re
2. Wenn ich ein-mal der Herr-gott wär, mein zwei-tes wä-re
3. Und hätt ich nach so man-chem Tag das Faß so rein ge-
das: ich näh-me mei-ne Allmacht her und schüf ein gro-ßes
das: ich näh-me mei-ne Allmacht her und schüf ein gro-ßes
-fegt, daß sich bei noch so starkem Schlag kein Tröpfchen mehr drin

G D7 G D7
Faß, ein Faß so groß als wie die Welt, ein Meer göß ich hin-
Glas, ein Glas so hoch bis an den Mond und wie die Er-de
regt, dann würf ich auf die Knie_ mich und fing laut an zu
G C d Fis G
-ein, von ei-nem bis zum an-dern Belt voll Rü-des-hei-mer
rund, daß auch des Trin-ken sich's ver-lohnt, nähm ich es an den
schrein: „Laß mich, o Gott, ich bit-te dich, noch ein-mal Herrgott
C G7 C d C G G7 C
Wein, von ei-nem bis zum an-dern Belt voll Rü-des-hei-mer Wein.
Mund, daß auch des Trin-ken sich's verlohnt, nähm ich es an den Mund.
sein, laß mich, o Gott, ich bit-te dich, noch einmal Herrgott sein!“

T Eduard Amthor
M Karl Binder

188. Wenn ich ein Vöglein wär

G D7 G e D7 G
1. Wenn ich ein Vög-lein wär und auch zwei Flüg-lein hätt,
2. Bin ich gleich weit von dir, bin ich doch im Schlaf bei dir
3. Es vergeht kein Stund in der Nacht, da nicht mein Herz er-wacht
G D G D D7 G D G
flög ich zu dir. Weil's a-ber nicht kann sein,
und red mit dir. Wenn ich er-wa-chen tu,
und an dich denkt, wie du mir viel tau-send-mal,
D7 G C D D7 G
weil's a-ber nicht kann sein, bleib ich all-hier.
wenn ich er-wa-chen tu, bin ich al-lein.
wie du mir viel tau-send-mal dein Herz ge-schenkt.

T Volkslied
M Freimaurerliedweise

189. Wenn's Mailüfterl weht

F C7 F
1. Wenn's Mai-lüf - terl weht, z'rgeht im Wald drauß der Schnee, da
2. Und blü - hen die Ro - sen, wird's Herz nim - mer trüb, denn
3. Jed's Jahr kommt der Früh-ling, ist d'r Winter vor - bei, der
G7 C G7 C
heb'n d'blau - en Vei - gerln ih - re Köp - ferln in d'Höh. Und
d'Ro - sen - zeit ist ja die Zeit für die Lieb. Die
Mensch a - ber hat nur ein' ein - zi - gen Mai. Die
C7 F C F
d'Vö - gerln, die g'schla - f'n hab'n durch d'Win - ters - zeit, die
Ro - sen, die blü - hen so frisch al - le Jahr, doch
Schwalben flie - g'n fort, doch sie zieh'n wie - der her, nur der
F7 B G7 C
wer'n wie - der mun - ter, die wer'n wie - der mun - ter, die
d'Lieb blüht nur ein - mal, doch d'Lieb blüht nur ein - mal, doch
Mensch, wenn er fort - geht, nur der Mensch, wenn er fort - geht, nur der
C7 F B F
wer'n wie - der mun - ter und sin - gen voll Freud, die
d'Lieb blüht nur ein - mal und nach - her ist's gar, doch
Mensch, wenn er fort - geht, der kommt nim - mer - mehr, nur der
g F C7 F
wer'n wie - der mun - ter und sin - gen voll Freud.
d'Lieb blüht nur ein - mal und nach - her ist's gar.
Mensch, wenn er fort - geht, der kommt nim - mer - mehr.

T Anton Frhr. v. Klesheim
M Joseph Kreipl

190. Wer recht in Freuden wandern will

1. Wer recht in_ Freu-den wan-dern will, der geh der Sonn ent-
2. Die gan-ze_ Welt ist wie ein Buch, dar-in uns auf-ge-
3. Da zieht die An-dacht wie ein Hauch durch al-le Sin-nen
-ge-gen! Da ist der_ Wald so kir-chen-still, kein
-schrie-ben in bun-ten_ Zei-len manch ein Spruch, wie
lei-se, da pocht ans Herz die Lie-be auch in
Noch sind nicht die
Wald und Blu-men
pocht und pocht, bis
Lüft-chen mag sich re-gen.
Gott uns treu ge-blie-ben.
ih-rer stil-len Wei-se,
Noch sind nicht die
Wald und Blu-men
pocht und pocht bis
Ler-chen wach, nur im ho-hen Gras der
nah und fern und der hel-le Mor-gen-
sich's er-schließt und die Lip-pe ü-ber-
Ler-chen wach, nur im ho-hen Gras der
nah und fern und der hel-le Mor-gen-
sich's er-schließt und die Lip-pe ü-ber-
Bach singt lei-se den Mor-gen-se-gen.
-stern sind Zeu-gen von sei-nem Lie-ben.
-fließt von lau-tem,__ ju-belndem Prei-se.

4. Und plötzlich läßt die Nachtigall
im Busch ihr Lied erklingen;
in Berg und Tal erwacht der Schall
und will sich aufwärts schwingen;
|: und der Morgenröte Schein
stimmt in lichter Glut mit ein:
„Laßt uns dem Herrn lobsingen!" :|

T Emanuel Geibel
M Gustav Klauer

191. Wie lieblich schallt

F
C
F

1. Wie lieb - lich schallt durch Busch und Wald des
2. Und je - der Baum im wei - ten Raum dünkt
3. Und je - de Brust fühlt neu - e Lust beim

F
C
F

Wald - horns sü - ßer Klang, des Wald - horns sü - ßer
uns wohl noch so grün,_ dünkt uns wohl noch so
fro - hen Zwillings - ton,_ beim fro - hen Zwil-lings -

C
C7
F
B
F
g

Klang, der Wi - der - hall im Ei - chen - tal hallt's
grün,_ es wallt der Quell wohl noch so hell durch's
- ton,_ es flieht der Schmerz aus je - dem Herz so -

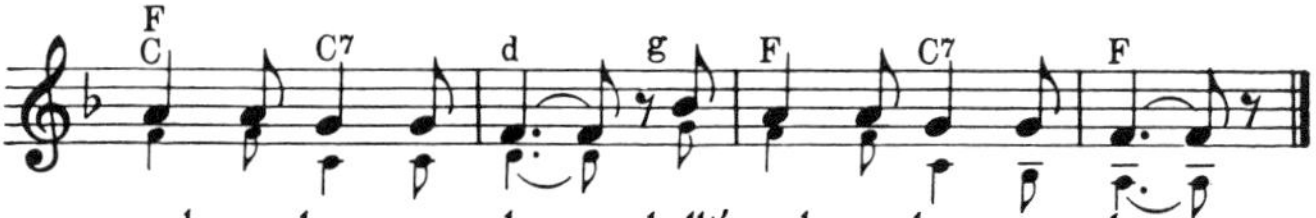
F
C
C7
d
g
F
C7
F

nach so lang, so lang,_ hallt's nach so lang, so lang._
Tal da - hin, da - hin,_ durch's Tal da - hin, da - hin._
- gleich da - von, da - von,_ so - gleich da - von, da - von._

T Christoph von Schmid
M Friedrich Silcher

192. Winter, ade

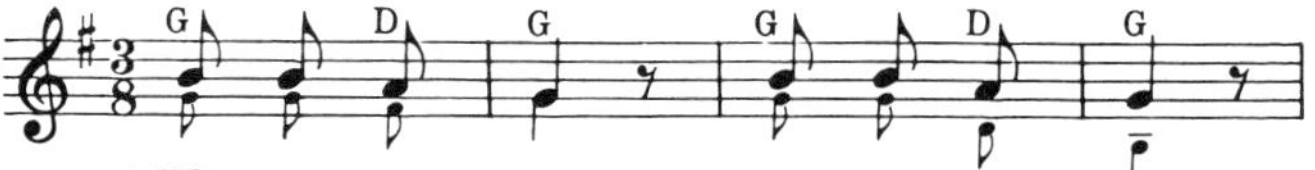
G
D
G
G
D
G

1. Win - ter, a - de! Schei - den tut weh.
2. Win - ter, a - de! Schei - den tut weh.
3. Win - ter, a - de! Schei - den tut weh.

G D G
A - ber dein Schei - den_ macht, daß mir das Her - ze_ lacht.
Ger - ne ver - geß ich_ dein, kannst im - mer fer - ne_ sein.
Gehst du nicht bald nach Haus, lacht dich der Ku - ckuck aus.
G D G G D D7 G
1.-3. Win - ter, a - de! Schei - den tut weh.

T Heinrich Hoffmann von Fallersleben
M „Liebchen, ade" siehe Seite 101

193. Wir tanzen im Maien

C G7 C G7
1. Wir_ tan - zen im Mai - en den lu - sti - gen
2. Wir_ tan - zen im Mai - en den lu - sti - gen
C G7 C G7
Rei - hen, es sin - gen und jauch - zen die Flö - ten dar -
Rei - hen, es sin - gen und jauch - zen die Flö - ten dar -
C G D C G
- ein. Die Fie - del er - tö - net und tief brummt der
- ein. Wir fas - sen in Rei - hen uns fest bei der
C d G a G7 C
Baß. Wir tre - ten im Rei - hen auf knos - pen - dem Gras.
Hand und tan - zen im Mai - en, im Mai - en durchs Land.

T Neuere Zudichtung
M Alter Dreher (Tyroler Walzer)

194. Wir winden dir den Jungfernkranz

Eine Brautjungfer
1. Wir win-den dir den Jung-fern-kranz mit veil-chen-blau-er
2. La - ven-del, Myrt'und Thy - mi - an, das wächst in mei-nem
Sei - de, wir füh - ren dich zu Spiel und Tanz, zu Glück und Lie - bes-
Gar-ten, wie lang bleibt doch der Frei-ers-mann? Ich kann es kaum er -
Alle Brautjungfern
- freu - de!
- war - ten!
1. 4. Schö-ner, grü - ner, schö-ner, grüner Jungfern-kranz,
veilchen-blaue Sei-de, veil-chen-blaue Sei-de!

3. Sie hat gesponnen sieben Jahr
den goldnen Flachs am Rocken;
die Schleier sind wie Spinnweb klar,
und grün der Kranz der Locken.
Schöner, grüner . . .

4. Und als der schmucke Freier kam,
war'n sieben Jahr verronnen;
und weil er die Herzliebste nahm,
hat sie den Kranz gewonnen.
Schöner, grüner . . .

T Friedrich Kind nach Volksliedern
M Carl Maria von Weber in der Oper „Der Freischütz"

195. Wo e kleins Hüttle steht

1. Wo e kleins Hütt-le steht, ist e kleins Güt-le, wo e kleins
2. Lieb-le ists ü-ber-all, lieb-le auf Er-den, lieb-le ists
3. Wenn d'zu mei'm Schätzle kommst, tu mer's schön grü-ße, wenn d'zu mei'm
Hütt - le steht, ist e kleins Gut. Und wo viel Bu - be sind,
ü - ber - all, lu - stig im Mai. Wenn es nur mög - le wär,
Schätzle kommst, sag em viel Grüß! Wenn es fragt, wie es geht,

Mäd-le sind, Bu-be sind, da ists halt lieb-le, da ists halt gut.
z'ma-che wär, mög-le wär, mei müßt du wer-den, mei müßt du sei!
wie es steht, wie es geht, sag: auf zwei Füß-le, sag: auf zwei Füß.

4. Und wenn es freundle ist,
sag: i sei g'storbe;
und wenn es lache tut,
sag: i hätt g'freit!
Wenn's aber weine tut,
klage tut, weine tut,
sag: ich komme morge,
sag: i komm heut!

5. Maidle, trau net so wohl,
du bist betroge!
Maidle, trau net so wohl,
du bist in G'fahr!
Daß i di gar net mag,
nimmer mag, gar net mag:
sell ist verloge,
sell ist net wahr!

T u M Volkslied aus Schwaben

196. Wohlan, die Zeit ist kommen

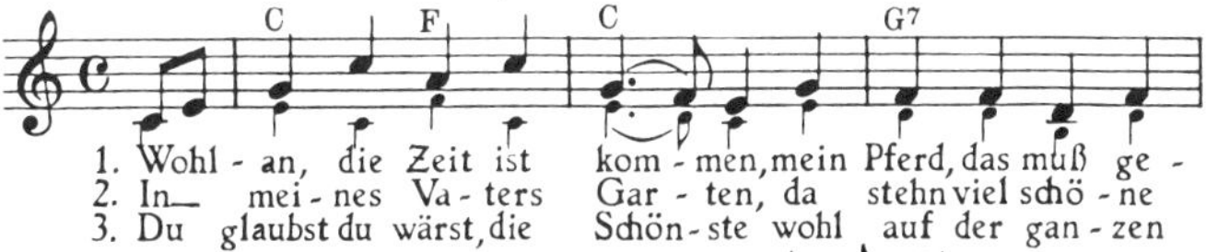
1. Wohl-an, die Zeit ist kom-men, mein Pferd, das muß ge-
2. In mei-nes Va-ters Gar-ten, da stehn viel schö-ne
3. Du glaubst du wärst, die Schön-ste wohl auf der gan-zen

-sat-telt sein. Ich hab mir's vor-ge-nom-men, ge-rit-ten muß es
Blum, ja Blum. Drei Jahr muß ich noch war-ten, drei Jahr sind bald her-
Welt, ja Welt, und auch die An-ge-nehm-ste, ist a-ber weit ge-

sein. Fi-di-rul-la rul-la rul-la-la-la-la, fi-di-rul-la rul-la
-um. Fi-di-rul-la rul-la rul-la-la-la-la, fi-di-rul-la rul-la
-fehlt. Fi-di-rul-la rul-la rul-la-la-la-la, fi-di-rul-la rul-la

rul-la-la! Ich hab mir's vor-ge-nom-men, ge-rit-ten muß es sein.
rul-la-la! Drei Jahr muß ich noch war-ten, drei Jahr sind bald her-um.
rul-la-la! Und auch die An-ge-nehm-ste, ist a-ber weit ge-fehlt.

4. Der Kaiser streit' fürs Ländle,
der Herzog für sein Geld, ja Geld,
und ich streit' für mein Schätzle,
solang es mir gefällt.
Fidirulla ... und ich streit' ...

5. Solang ich leb auf Erden,
sollst du mein Trimple-Trample sein,
und wenn ich dann gestorben bin,
so trampelst hinterdrein.
Fidirulla ... und wenn ich ...

T Volkslied aus der Lüneburger Heide
M Volksweise aus der Niederlausitz

197. Wohlauf, die Luft geht frisch und rein

1. Wohl-auf, die Luft geht frisch und rein, wer lan-ge sitzt, muß ro-sten! Den
2. Der Wald steht grün, die Jagd geht gut, schwer ist das Korn ge - ra-ten, sie
al - ler-son-nigsten Son-nenschein läßt uns der Himmel ko-sten. Drum
kön-nen auf des Mai-nes Flut die Schif-fe kaum ver - la-den. Bald
reicht mir Stab und Or-dens-kleid der fah-ren-den Scho-la - ren, ich
hebt sich auch das Herbsten an, die Kel-ter harrt des Wei-nes: der
will zur schö-nen Sommerszeit ins Land der Franken fah-ren.
Win-zer Schutzherr Ki - li - an beschert uns et-was Fei-nes.
1.-6. Val-le-
-ri, val-le-ra, val-le - ri, val-le-ra, ins Land der Franken fah-ren.

3. Wallfahrer ziehen durch das Tal
mit fliegenden Standarten,
hell grüßt ihr doppelter Choral
den weiten Gottesgarten.
Wie gerne wär ich mitgewallt,
ihr Pfarr' wollt mich nicht haben!
So muß ich seitwärts durch den Wald
als räudig Schäflein traben.
Valleri . . .

4. Zum heilgen Veit von Staffelstein
bin ich emporgestiegen
und seh die Lande um den Main
zu meinen Füßen liegen:
Von Bamberg bis zum Grabfeldgau
umrahmen Berg und Hügel
die weite, stromdurchglänzte Au:
ich wollt, mir wüchsen Flügel!
Valleri . . .

5. Einsiedelmann ist nicht zu Haus,
dieweil es Zeit zum Mähen;
ich seh ihn an der Halde drauß
bei einer Schnittrin stehen.
Verfahrner Schüler Stoßgebet
heißt: Herr, gib uns zu trinken!
Doch wer bei schöner Schnittrin steht,
dem mag man lange winken.
Valleri . . .

6. Einsiedel, das war mißgetan,
daß du dich hubst von hinnen!
Es liegt, ich seh's dem Keller an,
ein guter Jahrgang drinnen!
Hoiho! Die Pforten brech ich ein
und trinke, was ich finde.
Du heilger Veit von Staffelstein,
verzeih mir Durst und Sünde!
Valleri . . .

T Joseph Victor Scheffel
M Valentin Eduard Becker

198. Wohlauf noch getrunken

C G7 C C
1. Wohl-auf noch ge - trunken den fun - keln-den Wein! A - de nun, ihr
2. Die Son-ne, sie blei-bet am Him-mel nicht stehn, es treibt sie, durch
3. Mit ei - len - den Wol-ken der Vo - gel dort zieht und singt in der
C G7 C G a D7
Lie-ben, ge - schieden muß sein. A - de nun, ihr Ber-ge, du vä - ter - lich
Län-der und Mee-re zu gehn. Die Wo - ge nicht haf-tet am ein - sa - men
Fer-ne ein hei - mat - lich Lied. So treibt es den Burschen durch Wälder und
G E7 a D7 G G7
Haus, es treibt in die Fer-ne mich mächtig hin - aus! A - de nun, ihr
Strand, die Stür-me, sie brausen mit Macht durch das Land, die Wo - ge nicht
Feld, zu glei-chen der Mut-ter, der wan-dern-den Welt, so treibt es den
C G7 C E d G7
Ber-ge, du vä - ter - lich Haus, es treibt in die Fer-ne mich mächtig hin-
haf-tet am ein-sa - men Strand, die Stürme, sie brausen mit Macht durch das
Burschen durch Wälder und Feld, zu gleichen der Mut-ter, der wandernden
C C F G7
- aus, hin - aus.
Land, das Land. 1.-5. Ju-vi - val-le-ra, ju-vi - val-le-ra, ju-vi - val-le-ral-le-ral-le-
Welt, der Welt.
C E7 a d G7 C
- ra! Ju-vi - val-le-ra, ju-vi - val-le-ra, ju-vi - val-le-ral-le-ral-le - ra!

4. Da grüßen ihn Vögel bekannt überm Meer,
sie flogen von Fluren der Heimat hieher;
|: da duften die Blumen vertraulich um ihn,
sie trieben vom Lande die Lüfte dahin, :|
dahin. Juvivallera . . .

5. Die Vögel, die kennen sein väterlich Haus.
Die Blumen einst pflanzt' er der Liebe zum Strauß;
|: und Liebe, die folgt ihm, sie geht ihm zur Hand:
so wird ihm zur Heimat das ferneste Land, :|
das Land. Juvivallera . . .

T Justinus Kerner
M Volksweise „Hoch droben auf'm Berge" aus Tirol

199. Wo mag denn nur mein Christian sein?

F C7 F C7
1. Wo_ mag denn nur mein Chri-stian sein, in Ham-burg o - der
2. In_ sei - ner Stub, da_ hängt ein Holz, da - mit hat er ge -
3. Auf un - serm Hof, da_ steht ein Klotz, dar - auf hat er ge -
F F F B F
1. 2.
Bre-men? Bre-men? Schau ich nur sei - ne Stu - be an, so
-dro-schen. -dro-schen. Schau ich nur die - sen Fle - gel an, so
- ses - sen. -ses - sen. Schau ich nur die - sen Holzklotz an, so
C7 F F B
denk ich an mein' Chri - sti - an, schau ich nur sei - ne
denk ich an mein' Chri - sti - an, schau ich nur die - sen
denk ich an mein' Chri - sti - an, schau ich nur die - sen
F C7 F
Stu - be an, so denk ich an mein' Chri - sti - an.
Fle - gel an, so denk ich an mein' Chri - sti - an.
Holz-klotz an, so denk ich an mein' Chri - sti - an.

4. |: Der Esel, der den Milchkarrn zog,
den hat er selbst geführet. :|
|: Hör ich nur diesen Esel schrei'n,
so fällt mir gleich mein Christian ein. :|

5. |: In unserm Stall, da steht 'ne Kuh,
die hat er oft gemolken. :|
|: Schau ich nur dieses Rindvieh an,
so denk ich an mein' Christian. :|

T Volkslied aus der Gegend von Nordhausen
M nach der Volksweise „Wilhelm, komm an meine Seite"

200. Zillertal, du bist mei Freud

G C G D7
1. Zil - ler - tal, du bist mei Freud, hol - di - e_____ ti - ri - o -
2. A - chen - tal, du bist mei Lebn, hol - di - e_____ ti - ri - o -
3. Bri - xen - tal, du bist mei Lust, hol - di - e_____ ti - ri - o -

G G C G D7
-ho, da habn die Ma-dln saggrisch Schneid, hol-di - e___ ti-ri-o-
-ho, da liegt der See so schön da-nebn, hol-di - e___ ti-ri-o-
-ho, dei ho-he Salv'hebt je-de Brust, hol-di - e___ ti-ri-o-
G D7 G D7
-ho. Da gibts Gamslen zum der-ja-gn, da gibts Ma-dlen zum der-
-ho. Da gibts Fahnlen für die Schifflen, da gibts Ang-len für die
-ho. Schönres kann man nirgends schau-en, als von dir die Berg und
G G C G D7 G
-fra-gn. Zil-ler-tal, du bist mei Freud, hol-di - e___ ti-ri-o-ho!
Fischlen. A-chen-tal, du bist mei Lebn, hol-di - e___ ti-ri-o-ho!
Au-en. Bri-xen-tal, du bist mei Lust, hol-di - e___ ti-ri-o-ho!

T u M Volkstümliches Lied aus Tirol

201. Z'Lauterbach hab i mein Strumpf verlorn

G H C D7
1. Z'Lau-ter-bach hab i mein Strumpf verlorn, oh-ne Strumpf
2. Z'Lau-ter-bach hab i mei Herz verlorn, oh-ne Herz
3. 's Dean-dl hat schwarzbraune Äu-ger-ln, nett wia-r-a
D7 G G H C
geh-n-i net hoam, geh-n-i halt wie-der auf
kann i net lebn, muaß i halt wie-der auf
Täu-berl schaut's her, wann i beim Fen-ster an
D7 G 1
Lau-ter-bach, kauf mir an Strumpf zu dem oan.
Lau-ter-bach, 's Dean-dl soll's sei-ne mir gebn!
Schnaggler tua, kommt sie ganz freund-li da-her.

T u M Volkslied aus Bayern

202. Zu Regensburg auf der Kirchturmspitz

1. Zu Re-gens-burg auf der Kirch-turmspitz, da ka-men die Schneider z'samm, da rit-ten ih-rer neun-zig, ja neun-mal neun-und-neun-zig auf ei-nem Go-ckel-hahn.
2. Und als die Schneider Jahrs-tag hattn, da wa-ren sie al-le froh. Da a-ßen ih-rer neun-zig, ja neun-mal neun-und-neun-zig an ei'm ge-brat-nen Floh.
1.-6. Wi-de-wi-de-witt dem Zie-gen-bock, meck, meck, meck dem Schnei-der! Wi-de-wi-de-witt dem Zie-gen-bock, meck, meck, meck dem Schnei-der! Juch-hei-ras-sa, juch-hei-sas-sa! Zwirrrrrrrrrn raus! Wer da?
(gesprochen)
Einer
Alle
Schnei-der meck, meck, meck, Schnei-der meck, meck, meck, Schnei-der
ff
mf
Des (Cis)

B C C7 F F C C7 F
meck, meck, meck, juch - hei - ras - sa! Laß die Na-del sau - sen!

3. Und als sie nun gegessen hattn,
da waren sie voller Mut.
Da tranken ihrer neunzig,
ja neunmal neunundneunzig
aus einem Fingerhut.
Widewidewitt . . .

4. Und als sie nun getrunken hattn,
da kamen sie in die Hitz.
Da tanzten ihrer neunzig,
ja neunmal neunundneunzig
auf einer Nadelspitz.
Widewidewitt . . .

5. Und als sie nun getanzet hattn,
da gingen sie zur Ruh.
Da schliefen ihrer neunzig,
ja neunmal neunundneunzig
auf einem Halmen Stroh.
Widewidewitt . . .

6. Und als sie nun im Schlafe warn,
da raschelt eine Maus.
Da schlüpften ihrer neunzig,
ja neunmal neunundneunzig
zum Schlüsselloch hinaus.
Widewidewitt . . .

T Volkslied
M Volksweise aus Hessen, bzw. Ostpreußen

203. Zwischen Berg und tiefem, tiefem Tal

G D
1. Zwi-schen Berg und tie-fem, tie-fem Tal sa-ßen einst zwei
2. Als sie sich nun satt ge-fres-sen hattn, setz-ten sie sich
3. Als sie sich nun auf-ge-rap-pelt hattn und sie sich be-
G E7 a
Ha-sen, fra-ßen ab das grü-ne, grü-ne Gras,
nie-der, bis daß nun der Jä-ger, Jä-ger kam,
-san-nen, daß sie noch am Le-ben, Le-ben warn,
D G e h e D7 G
fra-ßen ab das grü-ne, grü-ne Gras bis_ auf den Ra-sen.
bis daß nun der Jä-ger, Jä-ger kam, und schoß sie nie-der.
daß sie noch am Le-ben, Le-ben warn, liefen sie von dan-nen.

T Volkslied
M Volksweise „Ob ich gleich kein Schatz mehr hab"

Stich u. Druck von B. Schott's Söhne in Mainz 38 573

INHALT

Ach, wie ist's möglich dann . 2
Ade zur guten Nacht 2
Ännchen von Tharau 10
Alles neu macht der Mai . . . 3
Alle Vögel sind schon da . . 4
Alleweil ka mer net lustig sei 4
All mein Gedanken, die ich hab 5
Als ich ein jung Geselle war . 6
Als wir jüngst in Regensburg waren 7
Alt-Heidelberg, du feine . . . 8
Am Brunnen vor dem Tore . 8
An der Saale hellem Strande 9
An der Weser: Hier hab ich so manches liebe Mal . . . 74
Ännchen von Tharau 10
A trotziges Dirndel werd i stets genannt 10
Auch ich war ein Jüngling . . 12
Auf, auf, ihr Wandersleut . . 12
Auf, auf zum fröhlichen Jagen 13
Auf der Alm, da gibts koa Sünd: Von der Alpe 138
Auf der Lüneburger Heide . . 14
Auf de schwäbsche Eisebahne 15
Bald gras ich am Neckar . . . 16
Behüt dich Gott, es wär zu schön gewesen: Das ist im Leben häßlich eingerichtet 22
Beim Kronenwirt, da ist heut Jubel 16
Bekränzt mit Laub 18
Bier her! Bier her! oder ich fall um 19
Brüderlein fein 20
Brüder, reicht die Hand zum Bunde! 21
Bundeslied: Brüder, reicht die Hand . . 21
Das ist im Leben häßlich eingerichtet 22
Das Lieben bringt groß Freud 23
Das Schiff streicht durch die Wellen 24
Das Schweizermadel: Wenn des Sonntags früh 147
Da streiten sich die Leut herum 25
Das Wandern ist des Müllers Lust 26
Dat du min Leevsten büst . . 27
Den lieben langen Tag 28
Der Frühling hat sich eingestellt 29
Der Jäger in dem grünen Wald 30
Der Jäger längs dem Weiher ging 31
Der Mai ist gekommen . . . 32
Der Mond ist aufgegangen . 32
Der Rattenfänger: Wandern, ach wandern . . 140
Der rote Sarafan: Näh nicht, liebes Mütterlein 111
Der Tod von Basel: Als ich ein jung Geselle war 6
De Sonn steigt hinnern Wald 33
Deutschlandlied 34
Die Blümelein, sie schlafen . 34
Die Gedanken sind frei . . . 35
Die Leinweber haben eine saubere Zunft 36
Die Lore am Tore: Von allen den Mädchen 137
Die Lorelei: Ich weiß nicht, was soll es bedeuten 86
Dort in den Weiden steht ein Haus 37
Dort wo der Rhein mit seinen grünen Wellen . . . 38

Drei Lilien, die pflanzt ich . . 39
Droben im Oberland 40
Drunten im Unterland 41
Du, du dalketer Jagersbua . 41
Du, du liegst mir im Herzen . 42
Durchs Wiesetal gang i jetz na 43

Eine Seefahrt, die ist lustig . 44
Ein Heller und ein Batzen . . 45
Ein Jäger aus Kurpfalz 46
Ein lustger Musikante 46
Ein Prosit der Gemütlichkeit . 48
Ein Schäfermädchen weidet . 48
Ein Vogel wollte Hochzeit machen 49
Es dunkelt schon in der Heide 50
Es, es, es und es 50
Es freit' ein wilder Wassermann 51
Es geht ein Rundgesang . . . 52
Es hatt' ein Bauer ein schönes Weib 52
Es klappert die Mühle 53
Es ritten drei Reiter zum Tore hinaus 54
Es steht ein Baum im Odenwald 54
Es steht eine Mühle im Schwarzwäldertal 55
Es steht ein Wirtshaus an der Lahn 56
Es war ein König in Thule . . 56
Es war ein Sonntag, hell und klar 57
Es waren zwei Königskinder 58
Es wollt ein Jägerlein jagen . 59
Es wollt ein Schneider wandern 60
Es wollte sich einschleichen . 61
Es zogen drei Bursche 62

Feieromd: De Sonn steigt hinnern Wald 33
Fein sein, beinander bleibn . 62
Feinsliebchen, du sollst mir nicht barfuß gehn 63
Freude, schöner Götterfunken 64
Freut euch des Lebens 65

Gaudeamus igitur 66
Glück auf, glück auf! Der Steiger kommt 66
Gold und Silber lieb ich sehr 67
Grad aus dem Wirtshaus nun komm ich heraus 68
Grüß Gott, du schöner Maien 68
Grüßt mir das blonde Kind am Rhein: Ich wandre . . . 85
Guten Abend, gut Nacht . . . 69
Guter Mond, du gehst so stille 70
Gut'n Abend euch allen hier beisamm 71

Hab mein Wage vollgelade . 72
Hab oft im Kreise der Lieben 72
Hänschen klein ging allein . . 73
Heißa Kathreinerle, schnür dir die Schuh 74
Hier hab ich so manches liebe Mal 74
Hier sind wir versammelt . 76
Hinaus in die Ferne 77
Hobellied: Da streiten sich die Leut 25
Hoch soll er leben 77
Hopsa, Schwabenliesel 78
Horch, was kommt von draußen rein? 78

Ich bin der Doktor Eisenbart 79
Ich bin ein freier Wildbret-schütz 80

Ich bin ein Musikante 81
Ich ging durch einen grasgrünen Wald 82
Ich ging emol spaziere 82
Ich hatt einen Kameraden . . 83
Ich hört ein Sichelein rauschen 84
Ich schieß den Hirsch im wilden Forst 84
Ich wandre in die weite Welt 85
Ich weiß nicht, was soll es bedeuten 86
Ihren Schäfer zu erwarten . . 87
Ihr mögt den Rhein 112
Im Frühtau zu Berge 88
Im grünen Wald, da wo die Drossel singt 88
Im Krug zum grünen Kranze 89
Im schönsten Wiesengrunde . 90
Im schwarzen Walfisch zu Askalon 91
Im tiefen Keller sitz ich hier 92
Im Wald und auf der Heide 93
In einem kühlen Grunde . . 94

Jetzt gang i ans Brünnele . . 94
Jetzt kommen die lustigen Tage 95

Keinen Tropfen im Becher mehr 96
Kein Feuer, keine Kohle . . . 96
Kein schöner Land 97
Komm, lieber Mai, und mache 98
Kommt a Vogerl geflogen . . 98
Kuckuck, Kuckuck, ruft's aus dem Wald 99

Lang, lang ist's her:
Sag mir das Wort 120

Laßt doch der Jugend ihren Lauf 100
Letzte Rose, wie magst du so einsam hier blühn? 101
Liebchen, ade! Scheiden tut weh 101
Lustig ist das Zigeunerleben 102
Lustig ist's Matrosenlebn . . 103

Mädle, ruck, ruck, ruck an meine grüne Seite . . . 104
Mein Herz ist im Hochland . 105
Mein Hut, der hat drei Ecken 106
Mein Lebenslauf ist Lieb und Lust 106
Mein Mädel hat einen Rosenmund 108
Mit dem Pfeil, dem Bogen . . 108
Morgen muß ich fort von hier 109
Muß i denn zum Städtele naus 110

Näh nicht, liebes Mütterlein 111
Nun ade, du mein lieb Heimatland 112
Nun leb wohl, du kleine Gasse 113

O alte Burschenherrlichkeit . 114
O du fröhliche, o du selige . 115
O du lieber Augustin 115
O Tannenbaum, o Tannenbaum 116
O wie wohl ist mir am Abend 116

Phyllis und die Mutter:
Ihren Schäfer zu erwarten 87

Rose-Marie 116
Rosestock, Holderblüh 117
Rundgesang und Gerstensaft 118

Sabinchen war ein Frauenzimmer 118
Sag mir das Wort, dem so gern ich gelauscht 120
Sah ein Knab ein Röslein stehn 120
Santa Lucia: Schon glänzt das Mondenlicht 123
Schifferlied: Das Schiff streicht durch die Wellen . 24
Schleswig-Holstein meerumschlungen 121
Schneidri, schneidra, schneidrum 122
Schön ist die Jugend bei frohen Zeiten 122
Schon glänzt das Mondenlicht 123
Schwarzbraun ist die Haselnuß 124
Seht, wie die Sonne dort sinket 125
's ist alles dunkel, 's ist alles trübe 126
's ist mir alles eins, ob i a Geld hab oder keins 127
So leb denn wohl, du stilles Haus 128
So scheiden wir mit Sang und Klang 128
Stille Nacht, heilige Nacht . . 129
Still ruht der See 130
Still, still, still, weil's Kindlein schlafen will 130
Studio auf einer Reis' 131
Süßer die Glocken nie klingen 132

Tief drin im Böhmerwald, da liegt mein Heimatort . . 132
Turner, auf zum Streite! . . . 133

Üb immer Treu und Redlichkeit 134

Und der Hans schleicht umher 134
Und in dem Schneegebirge . 135

Verstohlen geht der Mond auf 136
Vöglein im hohen Baum . . . 136
Von allen den Mädchen . . . 137
Von der Alpe ragt ein Haus 138

Waldeslust! O wie einsam schlägt die Brust 139
Wandern, ach wandern weit in die Fern 140
Was die Welt morgen bringt 141
Was frag ich viel nach Geld und Gut 142
Was hab ich denn meinem Feinsliebchen getan? 142
Was kommt dort von der Höh? 143
Weißt du, wieviel Sternlein stehen 144
Wem Gott will rechte Gunst erweisen 145
Wenn alle Brünnlein fließen 146
Wenn der Topp aber nu en Loch hat 146
Wenn des Sonntags früh . . 147
Wenn die bunten Fahnen wehen 148
Wenn ich einmal der Herrgott wär 148
Wenn ich ein Vöglein wär . . 149
Wenn's Mailüfterl weht . . . 150
Wer recht in Freuden wandern will 151
Westfalenlied 112
Wie lieblich schallt durch Busch und Wald 152
Winter, ade 152

Wir tanzen im Maien 153
Wir winden dir den Jungfernkranz 154
Wo e kleins Hüttle steht . . . 154
Wohlan, die Zeit ist kommen 155
Wohlauf, die Luft geht frisch und rein 156
Wohlauf noch getrunken den funkelnden Wein 157
Wo mag denn nur mein Christian sein? 158
Zillertal, du bist mei Freud . 158
Z'Lauterbach hab i mein Strumpf verlorn 159
Zu Regensburg auf der Kirchturmspitz 160
Zwischen Berg und tiefem, tiefem Tal 161

Akkordgriffe für Gitarre

Die Buchstaben bezeichnen den auf den Baßsaiten — den drei tiefsten Saiten des Griffbretts — zu spielenden Ton.
Steht der **Buchstabe allein,** so wird auf den drei oberen Saiten, den sogenannten Spielsaiten, hierzu der entsprechende Akkord angeschlagen, und zwar der Dur-Akkord, wenn der Buchstabe groß ist, der Moll-Akkord, wenn er klein ist.
Stehen **zwei Buchstaben übereinander,** so bezeichnet der untere den Baßton, der obere den auf den Spielsaiten zu greifenden Akkord.
Steht ein schräges **Kreuz über dem Buchstaben** (×), so fällt der Akkord auf den Spielsaiten weg, und der Baßton wird allein angeschlagen.